MARÍA ANTONIETA

MARÍA ANTONIETA

REINA DE FRANCIA

por Marcela Altamirano

Grupo Editorial Tomo, S.A. de C.V.
Nicolás San Juan 1043
03100 México, D.F.

1a. edición, marzo 2004.
2a. edición, agosto 2012.

Nicolás San Juan 1043, Col. Del Valle
03100 México, D.F.
Tels. 5575-6615, 5575-8701 y 5575-0186
Fax. 5575-6695
http://www.grupotomo.com.mx
ISBN: 970-666-918-3
Miembro de la Cámara Nacional
de la Industria Editorial No 2961

Proyecto: Marcela Altamirano
Diseño de Portada: Trilce Romero
Formación Tipográfica: Servicios Editoriales Aguirre, S.C.
Supervisor de producción: Leonardo Figueroa

Impreso en México - *Printed in Mexico*

Contenido

Prólogo

Para contener a su peligroso vecino, el rey de Prusia, Federico II, la emperatriz María Teresa de Austria había firmado un tratado de alianza con Luis XV, y para afianzar esta unión, le dio a la más encantadora de sus hijas en matrimonio para el Delfín de Francia.

Vigilada por una madre estricta y severa pero a la vez lejana, la adolescencia de María Antonieta no fue un ejemplo de conformismo. Cuando se casó con el Delfín, llegó a una corte donde no se pensaba más que en el juego, la caza y el amor. No tenía experiencia alguna de las amables sinuosidades de aquel gran centro mundano y lo encontró fácil a sus caprichos imperiosos, desconcertantes y enormemente atractivos: su dignidad tendría que soportar muy duros encuentros; su frivolidad hallaría suaves y llanos todos los caminos.

Dicen sus contemporáneos que no era muy bella pero que poseía una especie de magnético encanto que sedujo, incluso, a sus verdugos; que su moralidad —tan discutida por los historiadores—, pasó de ser rígida a una cierta comprensión a medida que los años y las penas le fueron templando. Posiblemente no amó a su marido, pero lo respetó. La única relación sentimental de que se tuvo noticia cierta fue púdica y reservada, y seguramente no llegó al adulterio. María Antonieta demostró ser siempre una buena madre atenta al bien de sus hijos, tanto en la desventura como en la felicidad.

A los 35 años su vida cambió drásticamente con las primeras sacudidas de la Revolución. Algunos estudiosos de la Historia la incluyen como una de las muchas causas de la Revolución francesa. Nosotros creemos que es una apreciación bastante superficial aunque es cierto que sobre el horizonte de Francia se condensaron las primeras nubes porque el pueblo le tuvo odio y la hizo responsable de indiscretas intromisiones en los asuntos del Estado, aprovechándose del carácter indeciso de su débil marido.

Al final de su vida, aún joven, durante los catorce meses que estuvo en cautiverio, durante los setenta días que vivió precariamente en la Conserjería, lejos de sus hijos, María Antonieta buscó y encontró su verdadera grandeza y su verdadera fuerza. Los terribles sufrimientos de los últimos años la purificaron y en su admirable testamento dejó la más clara huella de la profundidad de sus sentimientos religiosos y de la serenidad con que se disponía a presentarse ante el Supremo Juez.

Marcela Altamirano

1

La pequeña Archiduquesa

Hija de emperadores

El nacimiento de María Antonieta de Austria, el 2 de noviembre de 1755, había sido señalado por un signo infausto de predestinación. Un desastroso terremoto ocurrido precisamente el día que se dedica al culto de los muertos devastó muchos países europeos, desde el Sur hasta Escandinavia, y las víctimas se habían contado por centenares. Su padre, el emperador Francisco, juzgó enojosa aquella coincidencia, mientras que su madre, la emperatriz María Teresa, no quiso tomarla en consideración. Era ella la que reinaba en Austria y lo hacía como una autócrata iluminada, sin descuidar nunca su deber de perpetuar la especie entre uno y otro negocio de Estado.

María Antonieta creció en un palacio no lejos de Viena, en las umbrías de Schönbrunn. Realmente veía muy poco a su madre porque la emperatriz estaba siempre muy ocupada, sobre todo después de la muerte de su esposo, el emperador Francisco. María Teresa era una mujer rígida y muy seria que le guardó luto riguroso a su esposo. Sólo tomaba parte en los juegos de cartas los días de gala y se retiraba de los bailes de la corte antes de las once de la noche. Hacía cinco años que no habitaba el primer piso del gran palacio de Viena y vivía en el segundo, donde en el invierno se helaba en sus habitaciones sin fuego, con las ventanas abiertas todo el día. Se levantaba a las cinco de la mañana durante el verano y a las seis en invierno: asistía a misa a primera hora, enseguida se ocupaba en sus asuntos, otra vez oía misa, después comía ligeramente y casi siempre sola, luego volvía al trabajo, daba audiencia a sus súbditos, y recibía ministros.

La pequeña archiduquesa no ignoraba los sucesos ocurridos en el momento de su nacimiento. Próxima a dar a luz, su madre se hizo extraer una muela que la hacía sufrir cruelmente, dictó algunas cartas, firmó varios documentos y dejó, al fin, la pluma. Volvió a tomarla poco después de la llegada al mundo de su hija y como el médico de la corte, Van Swieten, la aconsejara sacar provecho de esta interrupción forzosa para vivir tranquila durante algunos días la vida de familia, ella respondió, meneando la cabeza: "Mis súbditos son mis primeros hijos les debo mis primeros cuidados; de estos otros me ocuparé después".

A los cincuenta años, María Teresa de Austria conservaba un bello rostro de líneas regulares y firmes. María Antonieta la admiraba pero la temía aún más. Entre ellas se interponía una fría barrera revestida de respeto. Sin embargo, no ocurría lo mismo con su padre, el emperador Francisco —emperador sólo de nombre—, quien ponía en manos de su mujer el cuidado de gobernar, empleando sus ocios, muy numerosos por cierto, en la educación de sus hijos y de sus hijas, en lo cual él encontraba todos sus placeres. Cuando murió, María Antonieta tenía diez años y había perdido un amigo. Desde entonces pasó muy pocos ratos al lado de María Teresa, siendo su hermano mayor, el emperador José, quien le dedicara tiempo para jugar, para contarle historias, para hacerla reír con su ingenio y ocurrencias, y acabar por ejercer sobre ella una influencia mucho mayor que la de su madre.

María Antonieta ingresó en el cortejo de los dieciséis hijos de María Teresa en el decimoquinto lugar, sin que, con terremoto o sin él, aquel nacimiento conmoviese a su madre gran cosa. Igual que a sus nueve hermanos y hermanas sobrevivientes, le fue dada la austera educación que agradaba a María Teresa. Nada de caprichos, nada de vanidades, nada de prejuicios. Pero la emperatriz se fiaba de los videntes y quiso consultar a una especie de nigromante, el médico Gassner, sobre el porvenir de la princesa, cuando María Antonieta tenía trece años y estaba a punto de prometerse al heredero del más importante trono de Europa. Estudiando el caso, el vidente se mostró desconcertado y en lugar de pronunciar una profecía dijo lacónicamente a María Teresa: "Majestad, hay cruces por todos lados".

Los días de la infancia

Por lo general los archiduques y las archiduquesas vivían con sus preceptores e institutrices bajo la vigilancia del médico Van Swieten. Si el invierno transcurría tristemente

La emperatriz María Teresa de Austria había firmado un tratado de alianza con Luis XV, y para afianzar esta unión, le dio la más encantadora de sus hijas en matrimonio para el Delfín de Francia.

en el palacio de Viena, en la primavera, el verano y el otoño se llevaba una existencia libre, casi salvaje, en el parque de Schönbrunn. Junto con su hermana Carolina, María Antonieta correteaba por el bosque, paseaba en coche y en trineo, gozando del aire puro del campo, seguida de sus perros afganos y de sus perrillos de hocico negro y nariz remangada, con ropas de color fuego.

En ese tiempo la condesa de Brandeiss era la institutriz principal, la encargada de dictar las reprimendas cuando las niñas no cumplían con las reglas establecidas para su correcta educación. De ella se decía que "evitaba sabiamente todo lo que podía cansarlas, fastidiarlas. Su complacencia llegaba hasta marcar con lápiz las letras de sus páginas de escritura". Y las cosas apenas cambiaron con la condesa de Lerchenfeld que la sustituyó. María Antonieta —señora Antonieta se la llamaba en familia— no cumplía aún los trece años.

Uno de sus compañeros de juegos, quien debía ser famoso y que a los siete años lo era ya, el prodigioso Wolfang Amadeo Mozart, un año más joven que ella, fue el primero, en el orden cronológico, de los enamorados de María Antonieta; juraba que la quería por esposa. La ilustre muchachita no le hizo mucho caso pues en aquel tiempo tenía que afrontar a muchos preceptores ilustres entre los que se contaba el abate Pietro Metastasio, poeta de corte.

Aunque vigilada por su madre con severidad, la adolescencia de María Antonieta no fue ejemplo de disciplina y obediencia. Fue difícil para sus profesores educarla pues no conseguían imponer su autoridad sobre ella, por lo que María Antonieta estudió menos de lo indispensable y dio, cada vez que pudo, pruebas de una limitada atención a sus deberes. Era una muchacha de buen corazón pero de naturaleza rebelde; la vida brillante de la corte tenía para ella más atractivo que las tareas y, sobre todo, que los estudios.

A la usanza de las grandes cortes europeas, la diplomacia francesa y la austriaca habían acordado el matrimonio de María Antonieta con el Delfín de Francia, cuando ella sólo tenía trece años. El Delfín —que debía suceder en el trono a su abuelo Luis XV pocos años después, en 1774—, contaba un año más que la princesa austriaca y se decidió que las proyectadas bodas no se celebraran hasta 1770; entonces tendría ella quince años y dieciséis el Delfín.

Entretanto, la emperatriz había pedido al duque de Choiseul, el primer ministro de Luis XV que eligiera un sacerdote francés para completar la educación de su hija, iniciándola en las costumbres y gustos del país que iba a ser el suyo. Así, pues, se añadió a la lista de sus profesores al abate Vermond, aunque al único que le prestase atención fuera al profesor Noverre, quien le daba las lecciones de baile. Desde su llegada a Viena en diciembre de 1768, el abate Vermond se percató de que su pupila no sabía nada o casi nada. Apenas sí conocía algunas palabras latinas, más bien italianas, que le había enseñado Metastasio, y una que otra palabra en francés.

El abate Vermond era un hombre paciente y calmoso, a veces un poco charlatán pero nunca fastidioso, buscaba siempre complacerla, convencido de que María Antonieta no podía dar más de sí. Se pasaba con ella mañanas enteras entremezclando en las conversaciones lecturas y lecciones de Historia. 'Señora Antonieta' aprendió de esta manera, así, sin ningún esfuerzo, un poco de literatura francesa, de gramática y de ortografía. Conocía la biografía de cada una de las reinas de Francia, la genealogía de la Casa de Borbón, los cargos importantes en la corte de Versalles y los nombres de las personas que los ocupaban. Así mismo se interesaba por el estado militar de Francia.

En su entusiasmo el buen abate exclamaba: "Yo estoy seguro de que poco después de vuestro matrimonio, su Alteza Real conocerá a los coroneles por su nombre y distinguirá los regimientos por el color de sus uniformes." Y no dejaba de reprenderla cuando su espíritu, distraído, recordaba las partidas de caza y le pintaba, imaginativamente, sobre todo en la víspera, el disfraz y las joyas que llevaría al día siguiente, en el baile de máscaras. Vermond se apenaba cuando ella se reía de las personas que encontraba ridículas. Estas burlas llegaban algunas veces a pasarse de tono y María Antonieta lo reconocía. Un día, para motivarla, el abate le leyó una bella obra: *Las Bagatelas Morales* que pintaba de manera graciosa las costumbres y usos ridículos del mundo social. Intempestivamente, María Antonieta le interrumpió para aplicar estas observaciones a las personas de su círculo, y el sermón del buen abate se esfumó en una explosión de risas... Dulcemente aunque muy distraída, María Antonieta aceptaba sólo los quehaceres que le preparaban mejor para las actividades mundanas.

La fecha de su matrimonio se aproximaba. Los ocios eran frecuentes y cada día traía nuevas molestias. Habría de posar para un pintor enviado por el rey de Francia; aprender las reverencias en uso de la corte francesa y las minucias de la etiqueta. Debía acostumbrarse a llevar un corsé, confiar sus cabellos al peluquero parisién Larseneur para que la peinarla a la moda de Versalles y confiar sus dientes a Laveran. María Antonieta recordaba aún las torturas que este dentista le había infligido durante tres meses para enderezarle los dientes que tenía mal alineados.

Rumbo a un destino

El 16 de abril de 1770, una misión diplomática llegada de París pidió oficialmente la mano de la princesa por encargo del heredero de Francia; tres días después —en aquel tiempo peticiones semejantes no permitían demoras— el rito nupcial se celebró por poderes en la capilla del Convento vienés de los Agustinos, estando representado el Delfín por el archiduque Leopoldo, hermano de la novia.

María Antonieta se sentía orgullosa del vestido de paño de plata que llevaría el día de su boda y del cual la condesa de Trautmannsdorff, gran aya de su casa, sostendría la larga cola. Durante los últimos días, la emperatriz María

Teresa, más emocionada que ella misma, no quería dejar de verla por lo que la hizo dormir en su alcoba, dedicándose a darle sabios consejos y recomendaciones. Exhortándola a no conceder jamás su confianza y su amistad a nadie de quien no estuviera bien segura, ella le confesó sus temores a propósito de la archiduquesa Amelia casada el año anterior con el Infante de Parma. Desde su llegada, esta farsante había tirado el dinero por la ventana y se había hecho multitud de enemigos por su orgullo y altivez, por su desdén de toda etiqueta. ¿Quién se hubiera imaginado que su más grande placer era jugar a la gallina ciega con los criados de las caballerizas, mientras que el Infante, su marido, tocaba las campanas o hacía asar castañas...?

El sábado, 21 de abril, a la hora de la partida, la emperatriz llamó aparte a la viajera para darle unos últimos consejos:

"Al levantarte, mi querida hija, harás vuestras oraciones de la mañana de rodillas, y una corta lectura espiritual. Oirás misa diariamente en el mayor recogimiento posible. Adáptate dócilmente a las costumbres de la corte de Francia. No leas ningún libro ni folleto que no haya sido aprobado por tu confesor. No aceptes ninguna recomendación ni escuches a nadie si quieres estar tranquila... Contesta en forma agradable a todo el mundo, con dignidad y gracia. Es preciso saber rehusar. No sientas pena en pedir consejo... y no hagas nada por tu propia voluntad... Ten la seguridad de que no estamos en este mundo solamente para divertirnos. Las diversiones no nos son dadas por Dios sino como un descanso para el espíritu..."

Pero la emoción la obligó a interrumpir su discurso y sólo alcanzó a añadir con voz entrecortada por los sollozos, unas palabras de despedida:

"¡Adiós, mi niña querida!... Una gran distancia va a separarnos. Yo no dejaré de pensar en ti hasta mi último

suspiro... Quiéreme siempre pues eso es lo único que podrá consolarme".

Más tarde salía de Viena un cortejo de carrozas que acompañaría a María Antonieta hasta el Rhin, frontera natural entre Francia y Alemania. Jamás la villa de Strasburgo había conocido emoción parecida pues desde hacía un año no se hablaba de otra cosa que no fuera la boda de la archiduquesa María Antonieta con el Delfín. Este matrimonio venía a fortificar la alianza con el Imperio, asegurando la paz. Se sabía que la pequeña princesa había salido de Viena el 21 de abril y todos se preparaban febrilmente para recibirla. El lugar indicado era una isleta entre Kehl y Strasburgo, donde carpinteros llegados de París habían construido un magnífico pabellón de madera. Era allí donde el príncipe de Stahremberg debía entregarle la archiduquesa al conde de Noailles enviado especial del rey. En ese lugar neutral, junto a Strasburgo, María Antonieta se quitaría su traje nacional y se pondría uno francés, cortado expresamente para la regia novia. Nada tan magnífico —se aseguraba— que el interior de este edificio decorado con ricos tapices y alfombras, con muebles prestados por el viejo cardenal de Rohan, la Universidad Luterana, el Cabildo y por los ricos burgueses de la ciudad. Y para adornar la gran sala, el tapicero de la corona aportó unos gobelinos que representaban *Los amores de Jasón y Medea.*

Había mucha gente joven que admiraba y a la vez criticaba los preparativos para el gran evento. El día de la llegada del conde de Noailles, uno de los jóvenes que se hallaba presente expresaba su indignación con tanta vivacidad que se formó un corro a su alrededor. Era él un tal Goethe, próximo a terminar sus estudios de derecho y filosofía. Con el dedo tendido hacia *Los amores de Jasón* declaraba a sus amigos, con violencia explosiva, que aquellas composiciones se avenían mal con las circunstancias: mujeres asesinadas, niños degollados, tronos ensangrentados, furias atravesando los aires sobre ríos de llamas, nada faltaba para provocar el terror. Y como los que le escuchaban sonrieran juzgando excesivas sus críticas, Goethe se enfureció: "¡Cómo! ¿Van a poner ante los ojos de una princesa tan joven la imagen de estas bodas trágicas?... ¿Y, además, en el momento en que ella entra en la casa de su futuro esposo... evocándole las más horribles visiones? ¿Es así como se acoge a una novia...? El público, ya muy numeroso, comenzó a murmurar y viendo avanzar a dos sargentos de la guardia, los estudiantes se dispersaron. Nadie se acordaba ya de este incidente cuando María Antonieta de Austria llegó a Kehl.

El 7 de mayo de 1770 hacia las once de la mañana, la archiduquesa descendió de su carroza a la entrada del pabellón y penetró en las habitaciones reservadas a la corte imperial. Ella no ignoraba nada de los rigores de la etiqueta, así que conteniendo con dignidad las lágrimas se despojó de todo lo que llevaba puesto que la identificaba con su país, distribuyéndolo entre las personas que la rodeaban y a las cuales no volvería a ver, seguramente nunca más. Cuando apareció vestida a la francesa en la sala de recepción, su rostro había recobrado la calma. El príncipe Stahremberg, tomándola de la mano, la hizo sentar bajo un dosel en un sillón de terciopelo carmesí galoneado de oro. El conde de Noailles la observaba, y momentos después, mientras él pronunciaba su discurso, la joven princesa dejaba vagar su mirada sobre todo lo que la rodeaba. El embajador francés leía pausadamente:

> *"... La nación francesa, de la cual yo soy delegado, anhela el instante feliz que anuncie a dos grandes imperios la perpetuidad de su dicha..."*

María Antonieta no le escuchaba, tenía la mirada fija en los gobelinos y hacía notar a una de sus damas de honor la atrocidad de aquellas viejas leyendas. En tanto, Noailles, haciendo con la mano un largo ademán, finalizaba:

"La Delfina encontrará en la felicidad de que va a gozar la compensación de la dicha que promete a Francia".

Enseguida la puerta de la sala del lado de Francia se abrió y apareció el nuevo séquito de la Delfina. El anterior, el austriaco, se retiró por el otro extremo. Sólo el príncipe de Stahremberg permanecía cerca de ella cuando dio algunos pasos hacia el conde de Saulx-Tavannes, su caballero de honor. Él daba el brazo a la condesa de Noailles, su nueva dama de honor, quien se encargaría de hacer las debidas presentaciones: primero, su marido, Felipe de Noailles, luego el caballero de Saint-Sauveur, comandante de los guardias de la escolta, el mariscal de Contades, el márqués de Vogüe, el intendente de Alsacia, el gobernador de Strasburgo; después, en fin, a las damas designadas para acompañarla y a los principales oficiales de su casa.

Una violenta tempestad había estallado mientras se efectuaban las ceremonias de presentación, pero cuando María Antonieta salió del pabellón para volver a Strasburgo, el cielo, aunque todavía nublado en trechos, dejaba escapar una discreta claridad. Enseguida hubo una triple salva de artillería y todas las campanas empezaron a repiquetear al mismo tiempo cuando ella hizo su entrada en la vieja ciudad. En ese momento detuvieron su carroza para que el jefe de los Magistrados le diera la bienvenida comenzando a hacerlo en alemán, mas la Delfina le interrumpió, exclamando: "No me hable en alemán, señor. A partir de hoy, no entenderé más que el francés".

El gobernador de la provincia esperaba a la princesa bajo un arco de triunfo, hasta donde llegó pasando sonriente y encantadora en medio de una doble fila de soldados vestidos de guardias suizos que le rindieron honores, mientras pequeños pastores y pastorcitas, ataviados como los de Watteau, le ofrecían canastas con flores. Veinticuatro jóvenes, ataviados con antiguos trajes de Alsacia, lanzaban pétalos de rosas a su paso. La Delfina les sonría a todos, dirigiéndoles palabras amables o graciosas. Más tarde se celebraron banquetes y grandes comilonas, y en las plazas públicas se veían correr fuentes de vino y asar bueyes enteros.

Cuando María Antonieta se dirigió al Obispado pasó frente al Hotel de la Villa, cuyas ventanas se encontraban repletas de espectadores. El anciano cardenal y el príncipe de Rohan, su sobrino y asistente, la recibieron, con el gran Cabildo, en el umbral del palacio episcopal.

Más tarde, después de la comida, continuaron los festejos con desfiles, banquetes, danzas al aire libre y representaciones de comedias. Hubo concursos entre las corporaciones de artesanos y la Delfina se encargó de distribuir los premios entre los ganadores. Al atardecer el cielo comenzó a encenderse frente al palacio; la ciudad entera fue iluminada: los fuegos artificiales, lanzados sobre el río, dibujaban en el aire, en letras luminosas, las iniciales entrelazadas del Delfín y la Delfina.

También le presentaron a las jóvenes de la nobleza a quienes recibió con expresión radiante y alegres palabras, lo que le hizo ganar la simpatía de todos por su particular gracia. Cuando las despidió llevaba los brazos cargados de flores. Antes de partir para Saverne, la princesita oiría misa en la Catedral. La recibió oficialmente el príncipe Luis de Rohan en el atrio de la esplendente catedral de Strasburgo, cuya fachada se corona con las obras maestras de la escultura gótica; el predicador hizo el elogio de la jovencísima esposa del Delfín y de su deslumbrante belleza. A la mitad del oficio hizo callar los órganos con un gesto imperioso, y dirigiéndose con voz clara a María Antonieta, le dijo: "Usted será entre nosotros, Señora, la imagen viviente de esta emperatriz querida, por largo tiempo la admiración de Europa como lo será para la posteridad. Es el espíritu de María Teresa que va a unirse con el espíritu de los Borbones".

El hecho de que elogiaran a su madre y su recuerdo evocado de una manera tan sencilla, le hicieron derramar algunas lágrimas. Al dejar Strasburgo, María Antonieta se llevaba la visión de un pueblo hospitalario que aplaudía a su paso; pero esta visión, como otras muchas, se esfumaría de su memoria al cabo del tiempo, cambiando constantemente las imágenes por nuevas experiencias. Conocería nuevos rostros, asistiría a otras recepciones y le harían multitud de homenajes en el futuro.

La archiduquesa partió rumbo a su destino. Pasó por Nancy, Bar-le-Duc y Lunevilles; atravesó Commercy y Chaloms. Viajaba lentamente, en pequeñas jornadas, de ciudad en ciudad, de fiesta en fiesta, acogida en todos lados con el mismo entusiasmo, con la misma cordialidad y sencillez que ella les demostraba. Apenas sí durmió en Soissons porque a la mañana siguiente debía encontrar a la corte cerca de Compiegne, en el puente de Berne.

Ceremonias de boda

Desde el amanecer, las campanas lanzadas al vuelo ensordecían el lugar y su rumor alcanzaba los bosques. Sobre el puente de Berne, príncipes de sangre real y altos dignatarios esperaban al rey. Detrás de una fila de soldados, el pueblo cantaba y bailaba alegremente. A la llegada del cortejo real se divisaron, a lo lejos, dos carrozas que avanzaban con un suave balanceo hasta encontrarse. Estaban revestidas, la una de terciopelo carmesí, la otra de terciopelo azul; las dos bordadas en oro y coronadas de ramilletes de flores de diversos colores. Cuando Luis XV puso el pie en tierra, se hizo un profundo silencio.

De uno de los dorados carruajes apareció, primero, una pequeña mano, muy blanca por cierto; luego asomó un rostro encantador que arrancó una exclamación impetuosa entre la multitud. Esbelta, ligera, vibrante por la emoción descendió del carruaje una jovencita, casi una niña, que con paso apresurado se acercó al rey, arrodillándose frente a él. El rey la tomó del brazo e hizo que se incorporara, le sonrió,

La joven Delfina tenía bella frente, nariz aguileña, ojos azules y vivos, boca pequeñita y desdoñosa, mentón de "pronunciada línea austriaca, al estilo de los Habsburgo.

la besó y le presentó al Delfín Luis. "¡La Delfina!... ¡Viva Nuestra Delfina! —se escuchaban los gritos que surgían clamorosos de la multitud.

Cuentan sus contemporáneos franceses que María Antonieta "se veía hermosa con sus cabellos rubios, sus ojos azules, vivos y risueños, y su fresca tez de aurora". Todos la admiraban y la aplaudían. Cuando el Delfín la besó en la mejilla, según la costumbre, las aclamaciones se redoblaron. Desde el principio nació en el Delfín, antes que el afecto, la admiración por su esposa-niña. Dada la índole del

Luis XVI cuando era el Delfín. Era un joven tímido, más parecido a su madre alemana y a su abuela polaca que a sus progenitores franceses y Borbones.

futuro Luis XVI, huraño, tímido, preocupado sólo de colmar apacibles deseos, comer bien y dormir mejor, era de esperar que le agradase aquella jovencita inquieta siempre a los juegos y a las distracciones. Los polos opuestos, generalmente se atraen; la moderación atrae a los inmoderados, la gravedad sonríe a los frívolos, benévolamente. Y sabe Dios cuán frívola era María Antonieta y cuántos motivos de crítica ofreció a sus detractores, quienes desde su llegada a la corte, juzgaron menos benévolamente que el príncipe la frenética alegría de vivir de su compañera.

En tanto, ese día, el cortejo se ponía en marcha en medio de una nube de polvo dorada por el sol. Los carruajes de los escuderos de las hijas de Luis XV, los del gobernador y el preceptor del Delfín, y los de los altos oficiales precedían a la carroza del rey. Desde los carruajes se podía ver el desfile en el que participaban caballeros, guardias de *corps,* la caballería ligera, gendarmes y grupos de mosqueteros caracoleando a los lados del camino. No cesaban de batir los tambores, ni de redoblar los timbales; los oboes soplaban a cañón pleno, con todas sus fuerzas. Las trompetas mezclaban su grito alegre al jolgorio de las campanas y a los ¡vivas! de la multitud.

Luis XV había hecho sentar a María Antonieta a su lado, frente a su prometido y su dama de honor, la condesa de Noailles. El Delfín permanecía silencioso con aire entristecido y algo turbado. La joven Delfina no podía dejar de mirar al rey. Quizá recordaba lo que el hijo del embajador de Francia, el joven conde de Lorges, le había respondido pocos días antes de su regreso a Versalles, cuando ella le preguntara sobre Luis XV: "Es el caballero más gentil de la corte" —dijo— y debía ser verdad. En todo caso, ninguno de los cortesanos le parecía tan amable. El rey se veía magnífico e imponente en su uniforme cuajado de pedrería, su cordón azul, su toisón de oro.

Por su parte, Luis XV conservaba la sonrisa maliciosa con que acogió a María Antonieta. Pocos meses antes, le había sido entregado su retrato al pastel realizado por Ducreux, un retrato inexpresivo y un tanto insignificante. Sin embargo, él se atenía a los informes que le enviaba su ministro, el duque de Choiseul desde Viena. Una frase de Durfort, repetida por Choiseul, la pintaba con más fidelidad que Ducreux, y ésta es la anécdota:

Una tarde, en Viena, el embajador de Francia miraba a la archiduquesa bailar el minueto. Stahremberg, acercándose a él dijo sonriendo: "El Delfín tendrá una mujer encantadora". El marqués asintió con la cabeza y replicó sonriendo a su vez: "El bocado es apetitoso..." Asimismo, Vermond, el preceptor de María Antonieta, decía en una de sus cartas a Choiseul: "Se podrán encontrar figuras de una belleza más regular pero no creo que se pueda hallar nada de más gracia."

Uno de los cronistas de su época nos trace una descripción de la Delfina en sus quince años:

"María Antonieta de Austria poseía una belleza singular. Tal vez se hubiera podido desear para ella una frente un poco menos amplia y bombeada. Bajo sus espesas cejas, centelleaban vivamente sus grandes ojos azules. Como todos los príncipes de la Casa de Austria, la joven Delfina tenía el óvalo del rostro algo alargado y el labio inferior un poco prominente. Su boca, pequeña y fresca hacía pensar en un fruto maduro. Las formas todavía incipientes de su cuerpo de apenas quince años, dejaban adivinar lo que sería la soberana. María Antonieta ya poseía majestad. Sus menores gestos estaban llenos de gracia y su cutis delicado, rosado en las mejillas, era muy blanco y de un tono resplandeciente que las líneas de su rostro parecían esfumarse en su propia luminosidad. ¡Qué bella reina haría esta princesa de cuento de hadas! Sus brazos, sus manos, su garganta eran de forma perfecta. Su pie,

pequeño, hubiera cabido con holgura en la zapatilla de Cendrillón."

Luis XV no dejó de observarla aquel día. El pudor cándido que reflejaba y la frescura de su alma, le encantaban. Él sentía por sus hijos y sus nietos un afecto muy vivo y profundo, y desde el primer momento amó a la Delfina como si ella, desde siempre, hubiera formado parte de su familia. Por su parte, la jovencita vio en el rey a su padre, el emperador. (Los padres del Delfín y el de la Delfina, habían muerto en 1765, es decir en el mismo año).

Cuando llegaron al patio del castillo, el rey y el Delfín, uno de cada lado, la condujeron hasta sus habitaciones donde la esperaban príncipes y princesas vestidos lujosamente con sus trajes de gala. Luis XV hizo las presentaciones en el orden adecuado al rango de cada uno de los presentes: el gran duque de Orleáns y su hijo, el duque de Chartres, el príncipe de Condé, el duque de Borbón, el príncipe de Conti, el conde de La Marche, el duque de Penthiévre; los poderosos de la corte francesa se inclinaban ante la pequeña Delfina, quien contestaba amablemente los saludos, en especial los de la joven duquesa de Chartres y su hermana la bella princesa de Lamballe, con quienes simpatizó enseguida.

Prosiguieron a los príncipes, personalidades de la corte reunidas en Compiegne. La ceremonia de presentación se repitió de la misma forma, nada más que ahora los personajes estaban ataviados con otros uniformes de gala. Para todos María Antonieta encontró palabras amables y en todos dejó muy buena impresión. Después, hacia ella avanzó un hombre de edad madura (cuarenta años tal vez), vestido con gusto recargado, acicalado, rizado, perfumado como un petimetre; de fisonomía seria y talante rígido y estirado. Se trataba del conde de Mercy-Argenteau, embajador del Imperio de París, devoto en cuerpo y alma de la emperatriz María Teresa y encargado por ella de guiar los primeros pasos de su hija en la corte de Francia. El conde se inclinó delante de 'su archiduquesa' y de manera confidencial le declaró que "por su afabilidad, su exquisita gracia, y la delicadeza que mostraba en todos sus actos desde su llegada a Francia, había conquistado todos los corazones."

Al siguiente día, las carrozas de la corte se detuvieron en las Carmelitas, en San Denis, donde Luisa, la hija más joven del rey y su preferida, se había retirado hacía poco tiempo. Estaban ahí los dos hermanos del Delfín esperando ser presentados a su cuñada: el conde de Provence, invadido por una gordura precoz que le deformaba, fue el primero en acercarse a ella, que no pudo reprimir un gesto de sorpresa; el conde de Artois le gustó desde el primer momento. De los tres hermanos éste era el que más se parecía al rey. Tenía un rostro hermoso, la mirada acariciante y, a pesar de sus treces años, modales elegantes y nobles.

Por la tarde Luis XV ofrecería un banquete en su honor. Antes de la comida a la cual estaban invitadas cuarenta damas, María Antonieta fue conducida a su recámara con el pretexto de que retocaran su arreglo personal. Sobre una mesa ovalada descubrió un cofre lleno de piedras preciosas, entre las que destacaba un hermoso collar de diamantes. Era un regalo del rey que la Delfina agradeció de manera eufórica colgándose al cuello del monarca con gran sorpresa de las damas presentes. Durante la velada, María Antonieta conoció a una joven de lánguida belleza, de rubios cabellos repartidos en bucles, facciones regulares, nariz pequeña y boca delicada: la condesa Du Barry, la 'favorita' del rey.

Al otro día, bajo un sol brillante, María Antonieta peinada y vestida con elegante sencillez, partió para Versalles, donde debía celebrarse la ceremonia del matrimonio. Cuando se abrieron las rejas del palacio para dar paso a su carroza, ella vio en el gran patio numerosas filas de guardias suizos y guardias franceses. En ese instante comprendió que su destino estaba fijado. Se le destinaron las habitaciones de la planta baja para su *toilette* de noche, donde fue atendida por la duquesa de Villars, dama de turno, la duquesa de Picquigny, la marquesa de Duras, las condesas de Mailly y de Saulx-Tavannes, sus damas de honor. Al poco rato de su llegada, apareció el rey acompañado de "las únicas personas de la familia que ella no conocía todavía", dos niñas. La mayor, la señorita Clotilde, de escasos once años de edad, y la otra, la señorita Elizabeth, todavía una criatura.

A las doce del día se presentó el Delfín para llevar a María Antonieta a la capilla. Estaba vestido con un traje bordado en oro y constelado de diamantes, y se mostraba más serio y torpe que en Compiegne y en la Muette. Precedido del gran Maestre de ceremonias, el cortejo partió del gabinete del rey. Los esposos, tomados de la mano, avanzaban por el largo pasillo. Un paje llevaba la cola del vestido de la novia y la condesa de Noailles le seguía. Los príncipes de sangre marchaban entre filas de oficiales y gentileshombres; tras ellos venían los condes de Provence y de Artois, después el rey seguido de madame Clotilde, sus hermanas, los príncipes y setenta damas de la corte. El vestido de la novia estaba confeccionado en brocado blanco. Los cronistas de la época anotaron que "se veía muy joven, muy fresca, tan bonita que no se podía dejar de contemplarla un momento". La misma referencia dice que "en cambio, el Delfín mostraba un aire grave, casi triste."

Monseñor de La Roche-Aymon, arzobispo de Reims y Gran Limosnero de Francia, celebró el matrimonio. Bendijo trece luises de oro y el anillo de oro. El Delfín colocó la alianza en el dedo de la Delfina y le entregó las piezas de oro. Aún no terminaban de apagarse las notas del órgano cuando el Gran Limosnero presentó al rey el acta de matrimonio. Luis XV firmó el primero; después la Delfina escribió sus cuatro nombres: María Antonieta Josefa Juana.

Ninguna de las bodas reales antes ahí celebradas había atraído tanta gente a Versalles. Mientras los invitados se paseaban por los jardines y en la gran galería se preparaban las mesas para el fuego, la recién casada recibía el juramento de los oficiales de su Casa. El señor de Saint-Florentin, ministro de la casa del rey pronunciaba uno a uno los nombres de los limosneros, capellanes, caballeros de honor, caballerangos, *maitres d'hotel,* superintendentes, intendentes, tesoreros, sucedían embajadores y ministros de las cortes extranjeras. Este desfile de reverencias y homenajes parecía no tener fin y la joven estaba impaciente por saber que contenía la canastilla de bodas reales que estaba encerrada en un tocador de terciopelo rojo bordado de oro. Por fin tomó la llave de oro que le tendía el duque d'Aumont y descubrió entre otras cosas un aderezo de esmalte azul, un alfiletero, una polvera, un abanico guarnecido de diamantes y de un trabajo exquisito, y muchos objetos destinados a las personas que la rodeaban.

El sol se ocultaba cuando se le permitió al pueblo contemplar a la Delfina sentada a la derecha del rey en la gran mesa donde se jugaba al *lasquenete.* De pronto estalló una fuerte tormenta que obligó a los espectadores a emprender el regreso a París y al rey a dar por terminado el juego. En el nuevo salón de recepciones se había dispuesto una mesa para veintidós cubiertos para la familia real y los príncipes de sangre. La cena duró dos horas y media durante las cuales ochenta músicos interpretaron suaves melodías. María Antonieta comió poco pero el Delfín se excedió al grado que Luis XV le dijo sonriendo: "No cargues demasiado el estómago esta noche". El Delfín respondió indiferente: "¿Por qué? Yo duermo mejor cuando he cenado bien".

Hacía la media noche la familia real condujo a los recién casados a su recámara. El Gran Limosnero bendijo el lecho. La duquesa de Chartres, recién casada, presentó a María Antonieta la camisa de dormir y el Delfín recibió la suya de manos del rey. A la mañana siguiente todos deseaban saludar a la Delfina, quien de buen grado se sometió a esta obligación. Al otro día hizo las comidas sola en sus habitaciones. El rey y el Delfín cazaban el ciervo en Belle

Image con una gran jauría y María Antonieta se aburría enormemente añorando su casa de Schönbrunn. El Delfín parecía huirle y desde la primera entrevista en Compiégne, no había en él ningún rasgo de ternura ni en público ni en privado. Aquella misma mañana había entrado en la habitación de su mujer, con las espuelas puestas y sin mirarla le había preguntado si había dormido bien, retirándose enseguida.

Sin embargo, pronto se le presentaron a María Antonia fiestas y diversiones que duraron diez días consecutivos. El 19 de mayo tuvo lugar el gran baile de la Ópera. El Delfín y la Delfina abrieron el baile con un minué, y dicen los cronistas que "él lo hizo con mucha torpeza, mientras que ella se conducía con mucha naturalidad y gracia causando gran admiración en muchos de los presentes". No obstante, un gran número de personas con título dejaba sentir su descontento. Sin duda la Delfina era la causa inocente de aquella revolución en palacio. Por su padre, el emperador Francisco, ella pertenecía a la Casa de Lorena, mas los príncipes loreneses pretendían tener la misma categoría que los duques y los pares. La emperatriz María Teresa apoyó su pretensión cerca del rey, lo cual provocó que la alta nobleza pusiera el grito en el cielo. Al percatarse de que Luis XV daba su consentimiento y que la señorita de Lorena danzaría su minué antes de las duquesas, las antecámaras quedaron vacías. Los duques y pares protestaron, mientras las mujeres de título suspendieron su arreglo para tumbarse sobre los divanes; y aunque sus rostros demostraran lo contrario, todas se sintieron indispuestas. Algunas obedecieron al llamado del rey, pero de tan mala gana que resultaba imposible saber si lo hacían de buen grado. A final, las grandes familias no olvidaron esta humillación y María Antonieta se convirtió en el blanco de su rencor.

Doscientas mil personas llegaron de París y sus alrededores al parque de Versalles y bailaron hasta el amanecer bajo las arañas suspendidas entre los árboles, que junto con el resplandor que provenía de las fuentes y luces de bengala iluminaban todo el ambiente. Después de la representación de *Athalia* efectuada el día 3, empezaron a decaer los ánimos. Pero las fiestas se prolongaron en París a donde se trasladó toda la corte e invitados, con un baile en casa del señor de Mercy en el Pequeño Luxemburgo y con una velada ofrecida por el embajador de España. Todos estos festejos concluyeron con un gran despliegue de fuegos artificiales en la plaza de Luis XV.

El rey no asistió a estos actos por encontrarse en Bellevue acompañando a madame du Barry y el Delfín prefirió cazar gamos en el bosque de Verriéres. Así, pues, María Antonieta, llegó en carroza con sus cuñadas para unirse a la alegría general. De pronto un inmenso resplandor cubrió el cielo, escuchándose por todos lados gritos de espanto. Una multitud desaforada corría en todas direcciones. Se había prendido fuego a uno de los baluartes y bloqueado el puente de las Tullerías. La única salida libre que tenía la plaza era la calle Real, por donde la gente trataba de huir chocando con los que venían de los bulevares, y cuya afluencia se veía obstaculizada por las carrozas estacionadas a media calle. En medio de la confusión la gente se golpeaba salvajemente entre sí con palos y piedras, y hasta con espadas. Esa noche hubo ciento treinta y dos muertos y más de novecientos heridos. La joven Delfina, muy impresionada por los hechos, no logró dormir en toda la noche. De esta forma, entre el dolor y el espanto, terminaban los festejos de su matrimonio.

2

La joven Delfina

Recién casada

Seis meses habían pasado ya desde su presentación en la corte francesa y María Antonieta no había logrado llevar una vida matrimonial normal y satisfactoria. La emperatriz, inquieta por su hija, le enviaba desde Schönbrunn largas cartas llenas de exhortaciones, consejos y recomendaciones. Al confiar al abate Vermond la misión de concluir la educación de la joven y al pedirle al conde de Mercy que le sirviera de guía, María Teresa de Austria no había previsto todos los peligros que iban a amenazar a la archiduquesa acostumbrada a la simplicidad familiar de la corte de Viena. Gracias a estos dos hombres, la emperatriz se hallaba informada de cuanto ocurría en Versalles, sin embargo, no dejaban de inquietarle los rumores que llegaban a Austria. El 30 de octubre de 1770, escribía a Mercy:

> *"Se divulgan por aquí toda serie de rumores poco favorables a mi hija... Se dice que el rey se muestra reservado con ella y que ella se enfrenta a la favorita. Por otra parte, el Delfín está peor que nunca y más indiferente..."*

El Delfín seguía rehuyéndole a María Antonieta. Se decía que en todo esto había tenido que ver su preceptor, el señor de La Vauguyon, un hombre en extremo devoto y de criterio muy cerrado, cuyas estrictas enseñanzas religiosas habían asustado a su discípulo al grado de permanecer lo más alejado posible de la corte y de su esposa. Él mismo confesaba que se sentía como paralizado y llegaba hasta el sufrimiento cuando se encontraba frente a los ministros, los cortesanos y más, aún, frente a Luis XV. Y delante de su mujer este malestar se mezclaba con una especie de incontenible irritación.

Una sola palabra había escrito el Delfín en su diario íntimo al día siguiente de la celebración de sus bodas: "Nada"; la misma que escribía cada vez que no había podido dedicarse a su distracción favorita: la caza. Para el joven Luis, la caza, las comidas y dormir plácidamente eran las tres cosas que más le gustaba hacer, y por lo tanto las que lo hacían sentirse feliz. Comía mucho, con precipitación y sin exigencia alguna en cuanto a la calidad de los alimentos. Por la noche cenaba temprano y después se recostaba en un diván, entregándose tranquilamente al sueño. Se despertaba cuando el reloj daba las nueve y se dirigía a su alcoba sin mirar ni hablarle a su mujer, donde volvía a dormirse hasta el día siguiente. Generalmente, aquel muchacho taciturno que no se atrevía a mirar de frente, volvía después de cabalgar muchas horas todo sucio, con los cabellos revueltos y empapado en sudor. Su aspecto era el de un campesino y caminaba como cualquier labrador tras de su arado. María Antonieta hacía lo posible por olvidar la torpeza, la vulgaridad y la poca delicadeza de su marido. Quizá desde entonces adivinaba que bajo aquel rudo escorzo había un hombre de buen corazón y lleno de ternura; la emperatriz, su madre, le había dicho que "la única felicidad en este mundo era un matrimonio feliz, y que todo dependía de la mujer si ella era complaciente, dulce y divertida".

En el tiempo que llevaban de casados, la princesa había hecho cuanto estaba en sus manos para atraer al melancólico príncipe. Conquistado por tales gentilezas, a él no le quedó más que confesar a la mayor de sus tías, madame Adelaida, que encontraba a la Delfina "muy amable y que estaba contento"; sin embargo, ante su mujer volvía a ser tímido, desconcertante, por lo que la jovencita insistió desplegando toda su gracia y buen humor acabando por ganar la confianza del singular príncipe. En un momento de conversación íntima él llegó a decirle que no ignoraba ninguno de los deberes del matrimonio y que pronto lo probaría. No obstante, empezaron a pasar los días y las semanas y el joven príncipe parecía haber olvidado su promesa. A principios de agosto su glotonería le provocó una indigestión, sirviéndole como pretexto para dormir en cama aparte. Hacia mediados de septiembre, encontrándose la corte en Fontainebleau, fue a buscar a la Delfina para anunciarle en secreto que al día siguiente se acostaría con ella. María Antonieta, feliz, comunicó la noticia a sus tías y éstas la expandieron por toda la corte. Tal tamaño alcanzó la indiscreción que el Delfín se enfadó y no cumplió con su promesa; entonces, Luis XV le reprochó su frialdad y el príncipe le respondió que amaba a la Delfina con todo su corazón; pero que pedía algún tiempo para vencer su timidez.

Cumplido el año de matrimonio, el príncipe ya se mostraba más solícito con su esposa. Le tenía atenciones que a veces llegaban a la galantería y de vez en cuando se permitía hacerle alguna caricia; cierto día se enardeció hasta besarla. Esta amistad amorosa pero demasiado condicionada alarmó a Luis XV, y como el joven conde de Provenza no se comportaba mejor que su hijo mayor, dijo una noche bromeando que no esperaba sucesión más que del conde de Artois. Entonces, el Delfín, volviéndose hacia madame Victoria replicó bruscamente: "Mi abuelo me tiene en poco, pero pronto será desengañado".

También la emperatriz María Teresa ya mostraba impaciencia en cuanto al asunto de la descendencia y no dejaba de aconsejar a María Antonieta que redoblara sus caricias y 'arrumacos', pero todo resultaba inútil y a la joven no le quedaba sino esperar tal como le aconsejaban los sabios médicos de la corte. Esta desventura regocijaba a los enemigos de la princesa que tachaban a la pareja real de inexpertos, de inmaduros —y en efecto, inmaduros fueron, a la vista de los hechos ocurridos—, por lo que Luis XV llamó a Lassone, médico de la Delfina, y le ordenó que los instruyera. "El señor Delfín —escribía María Antonieta a su madre en marzo de 1773— ha venido a mi habitación para hablarme sin timidez y bastante buen sentido. Lassone... tiene buenas esperanzas". Sin embargo, María Antonieta debía contentarse aún con esperar, mientras el Delfín esquivaba miradas y alusiones irónicas de su abuelo, Luis XV y de sus tías las Mesdames, eludía los reproches de su mujer y aplazaba siempre, hasta el día siguiente, el momento de franquear el paso decisivo. Así, pues, cuando Lassone, el médico, le hubo tranquilizado y animado, se sometió sin gran audacia a ensayos que resultaron un fracaso. Estas tentativas que se suspendían rápidamente y que se repetían cada noche, exasperaron a la joven dejándola turbada, irritada e insatisfecha. A su despecho se unía el pesar de no tener hijos. Las cartas a su madre expresaban este deseo y sus lamentaciones.

Por otra parte, en noviembre de 1773, la condesa de Artois, la esposa de su cuñado, estaba por llegar a Versalles, lo cual inquietó a María Antonieta. Sabía que el matrimonio de la condesa de Provenza tampoco había sido consumado, pero indudablemente no ocurriría lo mismo con su hermana, la condesa de Artois. El joven conde era vivaz, bullicioso y gustaba a las mujeres. La Delfina no quería que la condesa se convirtiera en madre antes que ella. ¡Una Delfina sin hijo! ¿Qué pensaría la gente de ella? Esto, pues, fue lo que le hizo notar al Delfín y por toda respuesta él la tomó en sus brazos y le preguntó si lo amaba. La jovencita le respondió que lo amaba sinceramente pero que 'lo estimaba aún más'.

Para ese entonces, María Antonieta ya conocía muy bien a su marido. Sabía que era tímido, reservado e introvertido, pero también reconocía que no le faltaba buen sentido ni rectitud de espíritu. Temía, sobre todo, los efectos de su apatía, de su falta de nervios que le detenían siempre cuando se trataba de hablar u obrar. A él le gustaba alternar con los humildes y cuando no se iba de cacería se entretenía, junto con los obreros, en trabajos de albañilería o carpintería, manejando durante horas enteras vigas o adoquines.

Hay una anécdota que hace referencia a esta época, a los gustos del Delfín y a su relación con María Antonieta:

> *"Cierto día la Delfina se hallaba impaciente porque su esposo la había ignorado por dedicarse a los duros trabajos, y por esa razón lo maltrató en presencia del conde y la condesa de Provenza. Le reprochaba que se entregara a un ejercicio que sólo iba a aumentar su salvajismo. Él no replicó pero se retiró bruscamente a su habitación. La Delfina le siguió para continuar su reprimenda y el Delfín se echó a llorar, entonces ella, primero sorprendida y después enternecida, le tomó entre sus brazos amorosamente como si fuera un niño y le cubrió el rostro de besos. Sus lágrimas se mezclaron. De pronto recordó que la riña había comenzado en casa de su cuñada y hasta allí se llevó al Delfín. El conde y la condesa les preguntaron si habían hecho las paces y ella sonrió únicamente. Por su parte, el Delfín respondió con mucho donaire que las querellas entre enamorados, no duraban largo tiempo".*

Parece que tales escenas aplacaban un poco el orgullo herido de María Antonieta y satisfacían momentáneamente su necesidad de intimidad. Pero el desencanto no tardaba en volver. Entonces jugaba con sus perros más pequeños o se ponía a retozar durante horas con los hijos de sus doncellas que le manchaban sus lujosos vestidos, desgarraban las colchas y cortinajes, rompían sus adornos y revolvían todo en su departamento. Como se sentía sola en la corte, buscaba la compañía de gente de su edad. Sentía una viva simpatía por la princesa de Lamballe y rehuía a la austera y gruñona condesa de Noailles. Eligió a damas de menor edad y más joviales para que le acompañaran la mayor parte del día, y cuando salía a pasear llenaba sus carrozas de bebidas y refrigerios que distribuía entre los cortesanos. Los más jóvenes, se agrupaban alrededor de su carroza y si alguno de ellos olvidaba el respeto debido, Mercy se inclinaba hacia ella y le ponía en guardia contra las familiaridades de aquellos 'aturdidos'.

Algunos sucesos imprevistos durante estas partidas de caza permitieron que la Delfina mostrara algunos sentimientos con rasgos de bondad. Cierto día, al atravesar un puente, el postillón se cayó de la carroza principal y los caballos pasaron sobre el cuerpo del infeliz. La joven Delfina dio inmediatamente órdenes para que se le socorriera y estuvo pendiente de él hasta que estuvo fuera de peligro. Cuando las damas de la corte le pedían detalles sobre el suceso, ella les refería todo lo que había dicho: "Yo les decía a todos que eran mis amigos, pajes, palafreneros, postillones. Y les decía: ¡Amigo mío, ve a buscar a los cirujanos!... ¡Amigo mío, volad por una camilla!...¡Amigo mío, inclínate ante este desgraciado y ve si vuelve en sí; si habla!"

Otra vez, un día de octubre de 1773, uno de los ciervos perseguidos por los perros del rey, saltó una cerca donde trabajaba un labrador. Como el animal no encontraba una salida se enfureció arrojándose sobre el campesino y golpeándolo con sus astas. La mujer del labrador, que había visto la terrible embestida, corrió desaforada a donde se encontraban los cazadores y gritos pidió ayuda hasta caer desvanecida. El rey directamente dio órdenes para que se llevasen al herido, mientras María Antonieta levantaba la cabeza de la mujer, le daba a respirar sales y también le entregaba el dinero que llevaba en su bolsa. Durante el tiempo que la mujer se encontró indispuesta, nunca dejó de darle ánimos, la consoló y finalmente hizo que la llevaran en una calesa hasta su cabaña. El Delfín la secundó en todo y se apresuraba a ir detrás de ella, lo cual llevó a la duquesa de Beauvau a exclamar: "La señora Delfina sigue sus impulsos; el señor Delfín, a la señora Delfina".

Los primeros pasos en la corte

Como solía suceder en las cortes europeas, en torno del rey existían rivalidades, intrigas y murmuraciones. Pero a pesar de ello, él esperaba que no se produjera ningún roce entre la mujer que había tomado como 'favorita' y la joven Delfina, futura reina de Francia. Los primeros días transcurrieron sin tropiezos. Igual que toda la corte, la señora du Barry hablaba en términos elogiosos de la archiduquesa, a quien también había seducido por su gracia y personalidad. Pero la primera impresión de María Antonieta, a quien la señora du Barry colmaba de halagos, no tardó en trocarse en aversión, y gracias a las Mesdames, la Delfina supo desde el primer momento el 'puesto' que ocupaba la favorita.

En ese entonces ya se conspiraba en la corte para derribar al ministro Choiseul. Aconsejada por los duques de Aiguillón y Richelieu, la señora du Barry pretendía hacerlo pagar por todos los desprecios y ultrajes de su hermana la señora de Gramont. Por su parte, la cábala de los devotos no le perdonaban al ministro haber expulsado del reino a los jesuitas. Esta cábala obedecía a la condesa de Marsan, Institutriz de los Hijos de Francia, al duque de La Vauguyon, preceptor del Delfín y de los príncipes, sus hermanos, y finalmente, al mariscal de Soubise, cortesano muy querido por el rey. A Choiseul se dirigían aún, en ciertos momentos, las hijas de Luis XV, madame Adelaida, madame Victoria y madame Sofía. Las dos últimas sobrellevaban dócilmente la tiranía de la mayor, una mujer alta, seca, brusca, con la nariz cortada y el perfil anguloso, que a su vez, se dejaba, conducir por la condesa de Narbona, su dama de compañía. Todo este grupo de personajes de la corte, que con frecuencia se enfrentaban entre ellos mismos impulsados por sus ambiciones, se unieron entonces en contra del señor de Choiseul a quien se debía el matrimonio del Delfín con la austriaca.

¡La austriaca! María Antonieta no abrigaba la menor duda de que así la llamaban entre ellas las hijas del rey. La emperatriz había alabado las virtudes de madame Adelaida y de sus hermanas. "Es una dicha para ti —le dijo una vez—; cuida merecer su amistad". Sin embargo, desde el primer día, la naturaleza ardiente y franca de la Delfina le había impelido hacia las princesas. En un principio, madame Adelaida, lejos de acogerle mal, la recibió con una sonrisa y halagos, pero eso no obstó para que hablara mal a sus espaldas, y hasta un día le hizo advertencias inquietantes. La princesa mayor, devorada por la ambición, envidiosa y despótica, sufría viendo que no podía dirigir los asuntos del reino. Para poderlo hacer, necesitaba atraerse a la joven Delfina, moldearla a su antojo, imponerle sus ideas, sus recelos, sus odios y enfrentarla a la muy poderosa señora du Barry. La protección que aparentemente le brindaban las tías, y que María Antonieta creía sincera y generosa, la aceptó, en primera instancia, con gran alegría. Le servía, además, para evadirse de las lecturas morales del abate de Vermond y sobre todo de los consejos y amonestaciones de la condesa de Noailles.

Madame Adelaida ocupaba el departamento que habitó al final de su vida madame de Pompadour. De ese departamento le proporcionaron a la Delfina una llave para que pudiera entrar a cualquier hora y como buscaba diversiones porque le aburrían las reuniones y veladas de la corte, se las procuraron. Grandes recepciones se celebraban en los departamentos de las hijas del rey, quienes ávidas de figurar, solían ocupar el lugar que le correspondía a la Delfina; y supliéndola recibían con altanería a los cortesanos y se contentaban con 'balbucearles' algunas palabras.

La convivencia y el trato truculento por parte de las tías para con las sobrina, no estaban libres de inconvenientes. Se le dictaban actitudes, respuestas e incluso hasta pensamientos. Tímida en público, reservada con el rey, involucrada en todas las intrigas de las Mesdames, se comprometía por participar en sus conversaciones, llevándole a adoptar un continuo desdén hacia la du Barry, en tanto que madame Adelaida, continuaba halagando a la favorita; y ocultándose tras la Delfina podía satisfacer impunemente sus oídos. Pero el conde de Mercy se dio cuenta del peligro y así se lo hizo ver a María Antonieta. La emperatriz intervino con energía: "Pretenden que te dejes gobernar por las Mesdames —escribía a su hija—. Ten cuidado: el rey llegará a cansarse". Luego agregaba: "Esas princesas se han vuelto odiosas... Jamás se han hecho estimar ni de su padre ni del pueblo... Se sabe todo cuanto se dice y hace delante de ellas. A la larga, todo recaerá sobre ti y a ti sola te censurarán."

Maria Teresa de Austria tenía razón, pero ya era tarde cuando su hija lo reconoció. Hacía ya tiempo que había perdido la confianza de Luis XV y María Antonieta se preguntaba cómo podría ganársela de nuevo. "Oficiosidad, buen humor, seguridad" —le respondió Choiseul. A estos sabios consejos las princesas reales añadieron sus débiles y tímidas sugerencias. Ella se arrepintió y el día que Choiseul cayó se dio cuenta que acababa de perder a su mejor guía, a su apoyo más seguro. A aquella lucha sin tregua que duraba desde hacía varios años, la arrastraban el nuevo ministro de Aiguillón y la favorita; y en lugar de que las tías ayudaran a apaciguar la cólera de la sobrina, la avivaban con chismes, diciéndole que el duque de Aiguillón la había tachado de 'coqueta' y que la favorita se refería a ella como la 'pelirrojilla autriaca'.

A partir de entonces la frialdad desdeñosa y cortés de María Antonieta hacia la condesa du Barry, se tornó en un silencio lleno de desprecio y más hiriente que todos los insultos. Vanidosa e ingenua pero no mal intencionada, la favorita se extrañaba de aquella muda hostilidad. La Delfina recibía con amabilidad a las demás mujeres ¿por qué a ella ni siquiera la miraba? A la larga aquella actitud se fue recrudeciendo hasta volverse intolerable para la favorita que se quejaba con Mercy e incluso con el propio rey. Pero María Antonieta no hacía caso y tampoco servían las exhortaciones que llegaban desde Viena. Hasta el Delfín, quien había permanecido al margen de todas las intrigas, convencido por su esposa, demostraba un disgusto sin medida hacia la du Barry y el canciller, no dejándose ver en las cenas del rey. Éste hizo llamar a Mercy para que hablara con la Delfina: "Su marido no se encuentra en estado de conducirla —dijo Luis XV al embajador— y noto con disgusto que ella se entrega a prevenciones y odios que le son sugeridos". Luego, aludiendo al espíritu partidista de las princesas continuó:

"Le dan malos consejos a la señora Delfina; no hace falta que ella los siga".

A fuerza de razonamientos, súplicas y amonestaciones, el embajador terminó por convencer a la princesita para que dirigiese algunas palabras a la favorita. Se arregló que la cita fuera al día siguiente; se fijo el lugar y la hora, y además, se convino en que Mercy debía estar presente. Parecía que todo iba bien de acuerdo a los planes, pero cuando María Antonieta estaba a punto de abrir la boca, resonó la voz de madame Adelaida: "Es tiempo de que nos vayamos —exclamó impositiva—; en marcha, pues...! Entonces, la Delfina retrocedió para unirse con su tía y se alejó sin haber pronunciado una sola palabra. Poco después, María Antonieta recibía una carta de su madre, reconviniéndola: "¿Quieres emprender idéntico camino que vuestras tías que jamás han sabido hacerse amar y estimar por nadie?". Después, al referirse al incidente, la emperatriz mezclaba los consejos con los reproches: "¡Cuántos aspavientos para un saludo! ¡Para un cumplimiento acerca de un traje o un abanico!

¡En qué esclavitud has caído! No se te exigen familiaridades, bajezas, ¡pero, una palabra casual, indiferente...!

¿Indiferente? La emperatriz se reservaba los designios que abrigaba sobre su hija. Si la princesa acogía bien a la condesa y a Mercy se encontraría en posición de poder sacar partido de "aquella mujer" cuyo ascendiente sobre el rey y los ministros era tan grande. El embajador no ignoraba las preocupaciones de la emperatriz. "Inglaterra y Prusia quieren ganarse a la du Barry —le había escrito ella desde Viena—; Francia embaucada por Prusia... pata impedir tales males, no tengo más que a mi hija. Es necesario que cultive el favor del rey y tratar bien a la favorita. La alianza depende de ello".

María Antonieta no hallaba cómo explicar a su madre todo cuanto sucedía en Versalles y de lo que eran capaces la favorita y su camarilla. "En todo lo que corresponde a la honradez —agregaba la hija—, podéis tener la seguridad de que no hace falta que sea conducida por nadie". Sin embargo, abrigaba el temor de que se le acusara de no haber sabido mantener la alianza con la corte de Viena y también que pudiera sobrevenir una contienda, un rompimiento entre sus dos familias: "Esa sería la desgracia de mi vida —decía—. Tiemblo ante esta idea".

La "guerra" persistía de manera solapada aunque con treguas. El pueblo cantaba coplas a la favorita pero aprobaba el silencio altanero de la Delfina, a quien le atribuían todas las virtudes que el mundo admiraba: bondad, rectitud, franqueza, pureza del alma y de corazón. El partido dominante en la corte estaba tramando algo y entre las personas que 'vivían del favor real', había gente desalmada. Esto tenía muy preocupado a Mercy, quien temía que la Delfina, obstinada e inocente como era, cayera en manos de este grupo. Por otro lado, el rey decaía y probablemente no duraría mucho tiempo, y el Delfín se dejaba manejar por su mujer... Mercy se preguntaba, no sin temor, si estarían planeando deshacerse de la joven. Seguramente no le ahorrarían calumnias con tal de hacerla impopular. Según se aseguraba, no faltaba aquellos a quienes le gustaría devolverla a su país.

Cuando el embajador manifestó sus temores a la Delfina, ésta sonrió con desdén y entonces se optó por intimidarla hasta que lograron que se mostrara razonable. El primer día del año de 1772, la familia real recibía los saludos y felicitaciones de la corte. Cuando a madame du Barry y a la duquesa de Aiguillón les tocó el turno de pasar ante la Delfina, ésta le dirigió algunas palabras a la duquesa, y luego, mirando a la favorita, dijo: "Hoy hay mucha gente en Versalles". Esto causó una gran conmoción pues la favorita se mostró feliz, el duque de Aiguillón alabó a la Delfina, Mercy la felicitó y el rey la abrazó cariñosamente. La alianza estaba a salvo y la emperatriz María Teresa podía compartir Polonia con sus buenos vecinos, Federico y Catalina. Luis XV cerraría los ojos...

Como era de esperarse las princesas se indignaron porque la jovencita no les consultó este cambio de conducta. Ellas se habían cuidado de no dirigirle la palabra a la condesa, así que se sorprendieron cuando María Antonieta le habló. La primera en mostrar su cólera fue madame Adelaida y la condesa de Narbona habló de una traición. Pero a pesar de que la gente estaba encantada repitiendo una y otra vez la frase pronunciada por la joven Delfina, ésta le dijo a Mercy en un tono que no admitía réplica: "He hablado una vez, pero estoy firmemente decidida a no pasar de ahí; esta mujer no volverá a escuchar el sonido de mi voz".

En una de sus cartas a la emperatriz, su madre, María Antonieta aludía a este acontecimiento:

> *"No tengo duda alguna de que Mercy le habrá comunicado mi forma de conducirme el primer día del año y espero que esté contenta. Puede usted tener la seguridad de que sacrificaré siempre mis prejuicios y mis repugnancias, en tanto no se me proponga nada... contra el honor."*

Fue suficiente para Luis XV que María Antonieta olvidara las lecciones de sus tías para acogerla nuevamente con cariño y ternura. La jovencita sabía cómo agradarle y cómo divertirlo. Cierta vez que la tenía a su lado dijo a los presentes: "Tengo mi propia duquesa de Borgoña". Se refería a una princesa muy querida por su abuelo que como María Antonieta poseía "los ojos más expresivos y más bonitos del mundo, el más bello color de rostro y la piel más hermosa". Igual que ella, tenía "el cuello largo, un porte elegante, lleno de gracia y majestad, a más de la sonrisa más expresiva y una manera de andar de diosa sobre nubes..."

Cuando acudió con su cortejo a recibir a la princesa de Saboya, el rey no tuvo reparo en comparar a las dos cuñadas. ¡Qué gracia la de la pequeña vienesa! ¡Qué actitud la suya tan natural y tan sencilla! ¡Qué encantadora vivacidad! Dicen las crónicas que al ver a la pequeña piamontesa Luis XV murmuró: ¡Qué fea se ve con su embarazado continente, y que horrible voz tiene igual que sus gestos! Y las mismas referencias cuentan que durante la cena, dedicó toda su atención a la Delfina, invitándola a desayunar a sus habitaciones al día siguiente, donde él mismo preparó el café en su cafetera de plata.

Más adelante, al desposarse la hermana de la condesa de Provenza con el conde de Artois (hermano menor del Delfín), el rey volvió a dedicarse por entero a la joven Delfina. La hija segunda del rey de Cerdeña era aún más fea y vulgar que su hermana mayor. "Ridículamente pequeña y sin gracia, tenía los ojos oblicuos, la nariz excesivamente larga y la boca demasiado grande. Además, era bobalicona y rústica, y al bailar parecía un perro mojado que se agitaba..."

Los espías de la Delfina

Las intrigas palaciegas estaban al orden del día, y como María Antonieta se dio cuenta de que la condesa de Marsan y las Mesdames se habían confabulado para favorecer a las princesas en desgracia, decidió, por fin, aceptar los consejos de Mercy. "Cuando llegué a este país —le dijo al embajador— era demasiado joven y demasiado considerada. Me he librado ya de mis tías que me arrastraban por falsos caminos; mas ahora sé a qué atenerme".

Y, en efecto, sabía a qué atenerse, especialmente respecto a los condes de Provenza. El príncipe, su cuñado, había demostrado ser falso y desleal. Siguiendo sus consejos, la condesa, su mujer, había conseguido ganarse la confianza de la favorita. Señalan las crónicas que en cierta ocasión, cuando María Antonieta volvía de visitar a sus tías y pasaba frente al gabinete del conde de Provenza, como la puerta estaba entreabierta, la joven pudo oír cómo su cuñado le pedía al duque de Aiguillón que colocara a una doncella de la du Barry en casa de la duquesa de Provenza, y, asimismo, le rogaba a su interlocutor que propusiera el plan al rey. La Delfina, ofendida y escandalizada, corrió en busca del Delfín y se lanzó a sus brazos exclamando: "Esposo mío, siento que te quiero más que a nadie. Tu honradez y franqueza me encantan. Y si te comparo con otros, sé que vales mucho más que ellos".

El conde de Provenza envidiaba y detestaba a su hermano mayor. Sus "manipulaciones políticas" inquietaban al embajador Mercy, quien le escribía a la emperatriz María Teresa acerca de este personaje: "Su ambición excede a la que debía corresponder a su edad. Trata de atraer por el medio que sea al partido dominante". A veces su odio al Delfín se manifestaba de manera violenta cuando éste lo impacientaba o disgustaba, y entonces María Antonieta tenía que intervenir para calmar los ánimos de ambos, que de todas maneras acababan siempre a golpes. Pero como la Delfina no era maliciosa, desechaba la idea de que en estos 'juegos' hubiera una mala intención por parte de sus cuñados y, así, pues, olvidando los agravios de la condesa, la hizo su confidente. Una vez, en ocasión del Carnaval de 1774, le participó a ésta su deseo de asistir a un baile en la

Ópera. "¿Pero cómo?" —repuso la condesa—. ¡Al señor Delfín no le agradan esas diversiones!". "¿No querría hablarle usted? —le pidió la Delfina—. Dígale que la haría dichosa poder asistir a ese baile". Y como la princesa aceptó, María Antonieta le hizo prometer que no mencionaría su nombre al hacer la petición. Cuando al día siguiente la condesa le contó que el Delfín no se dejaba convencer, María Antonieta quedó muy sorprendida. Unos días después, en una conversación privada con su marido, la Delfina se enteró que la condesa había ido a visitarlo con gran misterio y que le pidió que le guardara el secreto sobre lo que iba a exponerle: "No vengo a hablarle del baile en el jueves de cuaresma más que por complacer a su esposa —le dijo—. Me parece que tiene una decidida inclinación a esta clase de placeres frívolos. Por mi parte, he de decir que a mí no me gustan y que me proporcionará gran contento si me disculpa de asistir". Al terminar la conversación, interrumpida varias veces por tiernos besos, el Delfín dijo a su mujer: "Para que no vuelvas a exponerte a semejantes traiciones, te digo, de una vez por todas, que yo aprobaré siempre cuanto decidas hacer para divertirte". Y añadió aún, sonriendo: "Jamás te molestaré nunca en nada".

Siguiendo los consejos de Mercey, la Delfina no le mencionó a la condesa de Provenza nada de lo que había platicado con su marido y continuó poniéndole buena cara. Otro tanto hizo con la condesa de Artois. En cuanto al joven príncipe de Artois, una vez que el matrimonio lo privó de sus preceptores, se había hecho notar por su orgullo y violencia. No perdonaba a nadie y respondía de manera brusca y hasta grosera a los grandes señores y a los ministros, y tampoco toleraba ya las reprimendas del Delfín. Entre ambos hermanos estallaron algunas riñas que María Antonieta lograba siempre frenar con una palabra o con un solo gesto. Si su cuñado hacía algo irrazonable, ella lo tomaba a broma. Esto le mortificaba y le afectaba más que las amonestaciones más severas.

Para entonces (1774) Luis XV era ya un hombre viejo aun cuando continuaba, como siempre, montando a caballo y cazando; sin embargo, ya tenía el rostro arrugado y su vista se debilitaba cada día más. Se había vuelto un hombre solitario y parecía que solo en María Antonieta encontraba compañía y consuelo.

En la corte nadie perdía de vista a la Delfina; todos estaban pendientes de su vida privada. La condesa de Noailles, la vigilaba constantemente; los condes de Provenza no dejaban de observarla, mientras la condesa de Artois, la espiaba con disimulo todo el día. Las Mesdames, que no se habían resignado a perder su influencia sobre su sobrina, seguían con cautela cada uno de sus pasos, y cuando había algún tropiezo, se mostraban indiferentes. Y había que sumar a los cortesanos partidarios de la du Barry, quienes se dedicaban a escuchar detrás de las puertas. Pero María Antonieta estaba al tanto de todo lo que sucedía a su alrededor y sabía perfectamente que el duque de La Vauguyon y la condesa de Marsan indagaban su conducta y divulgaban chismes y mentiras.

Además, sus adictos le repetían los comentarios que sobre ella hacía la institutriz de los Hijos de Francia. A los ojos de aquella beata de edad canónica, todo era pecado. Si la Delfina llevaba vestidos de telas transparentes, fruncía los labios para señalar "que producía un efecto irritante". Para criticar su andar balanceado, murmuraba: "¡Andares de cortesana". Si cuando conversaba se animaba, *madame* de Marsan reía burlona y agregaba: "¡Su Alteza Real quiere tener el aire de comprenderlo todo!" Los detractores de su época decían que "la Delfina llevaba el cabello suelto como las mujeres descuidadas, miraba como una coqueta, y su risa de niña era fingida..."

María Antonieta sabía, igualmente, que los emisarios del rey de Prusia se filtraban por todas partes para espiar, divulgando luego por toda Europa falsedades y calumnias. Tampoco abrigaba la menor duda de que el rey de Inglaterra tenía agentes secretos que rondaban Versalles, y que cada mañana, el conde de Aranda, embajador de España, hacía examinar las sábanas de su lecho por sus doncellas, a quienes compraba a precio de oro. Tampoco dudaba que le hacían traición aquellos a quien otorgaba su confianza, y a veces se asombraba de que su madre estuviera tan bien informada sobre determinadas circunstancias de su vida íntima. "Su Majestad la emperatriz —decía la Delfina a Mercy—, habla de algo que yo creía un secreto. ¿Quién pudo haberla informado?" El embajador estaba consciente de que nadie ignoraba lo que se decía o hacía en Versalles, y eso le contestó a la joven, pero olvidó añadir que la emperatriz María Teresa le había encomendado velar por su hija, vigilar su conducta y darle cuenta de todo lo que a ella concernía. Devoto en cuerpo y alma de la emperatriz austriaca, Mercy se entregaba con extrema lealtad a su soberana. Le dirigía largas cartas, en las que apuntaba minuciosas referencias sobre la Delfina, la familia real y la corte. Y con mucha frecuencia le sugería e incluso le dictaba lo que ella debía de responder a su hija.

Pero lo que no sabía María Antonieta era que en aquel diplomático canoso, reservado, de humor siempre variable, tenía un espía al que jamás se le escapaban uno solo de sus gestos, ni de sus palabras. Se comportaba con ella de manera tan afectuosa y paternal que la jovencita le confesaba hasta sus más recónditos pensamientos, y como ejercía su vigilancia sin descuidarla ni de día ni de noche, le informaba a la emperatriz:

> *"Me he asegurado tres personas del servicio de la señora archiduquesa: una de sus doncellas y dos muchachos que actúan como ayudas de cámara y que me dan exacta cuenta de todo lo que ocurre en el interior de su departamento. Noche y día se me informa de las conversaciones que la archiduquesa mantiene con el abate Vermond, a quien nada le oculta. Por la marquesa de Durfort conozco la*

más mínima conversación que sobre ella se tenga donde las princesas. Y dispongo de mucha gente y muchos más medios aún, para saber lo que acontece con el rey cuando la señora Delfina se encuentra con él".

Gracias al embajador Mercy, la emperatriz estaba siempre al tanto de cuanto sucedía su hija. Sin moverse de Viena sabía que María Antonieta se negaba a llevar corsés demasiado rígidos; que después de leer una de sus cartas la había arrojado al suelo y pisoteado; que no se preocupaba por la higiene de sus dientes; traía las uñas descuidadas, comía demasiadas golosinas y jugaba a las muñecas con las hijas de sus doncellas. Mercy llegaba, incluso, a 'escudriñar' en su lista de gastos, descubriendo que su doncella personal la estafaba. Las doncellas le robaban: "Ellas cargaban en los gastos —informaba el embajador—, cuatro pares de zapatos por semana, tres varas diarias de cinta para anudar el peinado de la señora Delfina, y dos varas diarias de tafetán para cubrir el cajón donde depositaba los guantes y el abanico".

María Antonieta empezó a recelar de todo lo que ella percibía se estaba tejiendo a su alrededor, al grado de que no se atrevía a guardar ningún papel. "Cuando me ausento abren con llaves falsas la cerradura de mi *secretaire* y durante la noche me roban las llaves de mis bolsillos" —decía a Vermond—, y el abate se reía de sus temores pero no conseguía tranquilizarla. Desconfiaba de todos, excepto del conde de Mercy y del fiel abate.

Desde lejos, sus pecadillos y tropiezos debían aumentar de tamaño, y de ahí el enojo de la emperatriz y sus continuas amonestaciones, a veces demasiado duras. Esos reproches con frecuencia eran injustos y lastimaban profundamente los sentimientos de la Delfina. "Mi madre no me quiere nada —solía decir al abate Vermond—; seguirá tratándome como una niña aunque tenga treinta años o más". María Antonieta leía con cierto temor las cartas de su madre, sublevándose cuando ésta le recomendaba que se olvidase de todo y llenara la cabeza de buenas lecturas. "Esta ocupación —le decía— te es más necesaria que ninguna otra porque nada entiendes de música, de dibujo y de danza".

"¡Me hace pasar por una bestia!" —gritó una vez la Delfina después de leerle una misiva, primero a Vermond y después a Mercy—. Yo amo a la emperatriz, pero le temo aunque esté lejos. Incluso cuando le escribo nunca me siento a gusto". El embajador pensó asombrado que la archiduquesa había cambiado mucho desde que dejó Viena, y cuando le mencionó que el emperador José, su hermano mayor, manifestaba su descontento en cuanto a 'algunas cosillas que habían llegado a sus oídos' y le dirigía pequeñas reprimendas, no pareció afectarle mucho... "¡Oh, es muy diferente! —contestó María Antonieta—; el emperador es mi hermano. Le respondo cuando me enfada y estoy acostumbrada a bromear con él".

Por lo general, Vermond defendía a su pupila en las cartas que dirigía a la emperatriz. Le decía que eran exagerados los informes que recibía acerca del comportamiento de la Delfina. Cierto que su "encantadora princesa" tenía un poco ligera la cabeza y había conservado la costumbre, adquirida en Viena, de burlarse de todo lo melancólico y de todo lo feo. "Con la edad si irán atenuando estos defectillos y llegarán a desaparecer —le decía. Además, ella reconocía de muy buena gana sus embustes y equivocaciones, y prometía sinceramente corregirlos. ¿Y es tan dulce —añadía el abate— y hasta me atrevo a decir que tan dócil...!"

La emperatriz María Teresa no se dejaba convencer aunque, según ella, conocía a su hija. No se podía negar que la joven Delfina detestaba las ocupaciones serias y que solamente le atraían las placenteras. Era impaciente, obstinada, colérica, y siempre se mostraba en todo exagerada, tanto en sus caprichos como en sus rencores. Y algo muy grave era que a sus compatriotas que pasaban por Versalles, no les ponía buena cara.

Con la vida suntuosa y los años, el cuerpo y la vida de María Antonieta se fueron desarrollando armoniosamente. Aumentó mucho de estatura. Para sorprender agradablemente a la emperatriz, le envió sus medidas y las del Delfín. "La mía está tomada sin zapatos ni peinado; la suya con zapatos muy planos." —le contaba.

Y por fin, los regaños de su madre la habían hecho reflexionar. Le tomó afición a la lectura y a la música, y también a la danza. Nada le halagaba tanto como los elogios de Gardel, el maestro de ballet de la Ópera. Concluyó, incluso, por interesarse en las cosas serias, aunque el embajador Mercy la hostigara para que "contribuyese a que reinara la mejor armonía entre las dos cortes". "No pienso en otra cosa —replicaba ella—; se me atormenta, se me inquieta; acabaré entendiendo de política".

La vida en palacio y la muerte de Luis XV

La rutina diaria de María Antonieta estaba muy bien reglamentada. En Versalles, se levantaba entre las nueve y las diez de la mañana, hacía su tocado, decía sus oraciones; y tras tomar su desayuno se trasladaba a los departamentos de sus tías. Ordinariamente ahí se encontraba con el rey. A las once la peinaban, y al mediodía recibía en su "habitación". Entraba quien quería, salvo la gente común. Luego, se aplicaba colorete en el rostro y se lavaba las manos. Los hombres salían y las damas se quedaban. De acuerdo a una costumbre ya establecida, la Delfina se vestía frente a ellas. Después de asistir a misa con el Delfín, los dos esposos comían apresuradamente delante de un gran número de personas.

Si el Delfín se dedicaba a sus asuntos, la Delfina se retiraba a su departamento privado. Allí leía, escribía o tomaba su bordado, el cual había comenzado varios meses antes. Hacia las tres de la tarde visitaba de nuevo a sus tías y a las cuatro retornaba a su gabinete para recibir al abate Vermond y luego a su maestro de clavecín. Si imperaba el buen tiempo, a las siete paseaba por el parque y como la cena solía servirse a las nueve y el rey nunca llegaba antes de las diez, María Antonieta se recostaba en una canapé y dormía un rato. Cuando Su Majestad no llegaba a la cena, se acostaba a las once de la noche. Dos veces a la semana, la Delfina y la familia real debían cenar con el rey.

En el castillo de Compiégne acostumbraban a pasar el verano, en Fontainebleau, los otoños, y en cualquier residencia regia donde estuviesen, la Delfina era alojaba en el departamento correspondiente a la reina. En todos lados, tres o cuatro veces por semana tenían lugar paseos a pie, en burro o a caballo. En Versalles se celebraba una de las temporadas más animadas, la del Carnaval. Y a pesar de las numerosas diversiones a las que era requerida, de las cenas y de las mascaradas, María Antonieta no descuidaba sus estudios. En tanto que el Delfín mostraba aversión a la música, ella continuaba tomando lecciones con el señor Jolivet, su maestro de música y con el joven arpista, Hinner.

Los miembros más jóvenes de la familia real asistían a los recitales que ofrecía la Delfina. Las princesas, sus tías, nunca acudían, ni tampoco madame Clotilde, la simpática jovencita tan gorda ya como el rey, quien era un gran aficionado a los apodos y no le daba otro nombre que el de *madame La Gorda.* En estas tertulias familiares el conde de Artois cantaba a dúo con la más joven de sus hermanas, y dicen las crónicas de la época que María Antonieta también cantaba.

El rey Luis XV sabía que a la Delfina le gustaba el teatro por lo que hacía representar dos comedias a la semana: una el martes y otra, el viernes. En Fontainebleau se ofrecían tres espectáculos: los martes, comedia francesa, los jueves, tragedia y sábados, ópera. Para darle gusto a su esposa, el Delfín hizo traer a comediantes franceses e italianos a su departamento. Una de las antecámaras había sido convertida en sala de espectáculos y la familia real se reunía en ella después de la cena para escuchar las parodias de los *Hijos de Audinor* o presenciar cualquier otro ballet-pantomima.

Uno de los más gratos placeres de María Antonieta era caracterizarse e interpretar algún papel. Les comunicó esta afición a sus cuñados y a sus jóvenes mujeres. El Delfín prefería permanecer como espectador. En una pieza de entresuelo, lejos de los curiosos, aquella pequeña compañía de teatro representaba para ellos mismos actos de Laujon y de Carmontelle, y a veces, hasta escenas de Moliére. Para el estreno se eligió *Las Preciosas Ridículas* y María Antonieta representó el papel de Cathos; el conde de Artois, con el rostro cubierto por una máscara de fantasía, se lanzó a hacer las más locas improvisaciones; el conde de Provenza, gracias a su prodigiosa memoria y a sus dones de comediante, interpretó a los amantes enojados; el señor Camdos, secretario de Gabinete de la Delfina, era el vizconde de Jodelet; y las dos princesas, con su acento saboyano, pusieron comicidad al asunto. Entretanto, el 'espectador' no pudo aplaudir ni silbar por miedo a atraer la atención del rey, por lo que permaneció inmóvil. A menudo solía dormitar a mitad de las representaciones.

Desde que su mujer lo había hecho aficionarse a la lectura, el Delfín se interesaba por las noticias públicas, haciendo que le leyeran gacetas y diarios. Él leía obras históricas. A la Delfina no le interesaban las novelas y los libros frívolos. Hojeaba solamente las obras elegidas por el abate de Vermond: *Memorias* de l'Estoile, *Anécdotas de la Corte* de Felipe Augusto, *Historia de Inglaterra* de Hume. Estas lecturas generalmente eran seguidas por una conversación seria con el abate sobre los acontecimientos del día.

Todos los lunes de invierno se celebraban bailes en las estancias de la Delfina. Las bailarinas llevaban atuendos blancos y los hombres iban vestidos según la costumbre. Los miércoles se bailaba en el reducido departamento de la condesa de Noailles. Todas estas pequeñas fiestas, informales, terminaban antes de la media noche. Durante el Carnaval, los bailes se prolongaban hasta las cinco o seis de la mañana y los alegraban las risas juveniles de la duquesa de Chartres, de la princesa de Lamballe y de la duquesa de Borbón, casada casi al mismo tiempo que la Delfina.

El Delfín y el conde de Provenza se movían con mucha torpeza; en cambio nadie danzaba con mayor soltura y ligereza que el conde de Artois. Solo María Antonieta, con su bello rostro y su gracia natural "eclipsaba a todos los jóvenes que acudían a esas fiestas" —opinaba el embajador de Mercy.

El 8 de junio de 1773, el Delfín y la Delfina hicieron su entrada solemne en París. Para la princesa esta jornada fue inolvidable. Le agradaba ser protagonista de los actos oficiales y sentir de cerca el afecto del pueblo. La multitud se arremolinaba de tal manera en las Tullerías que el cortejo tuvo que detenerse varias veces sin poder avanzar por ningún lado. María Antonieta sonreía y agitaba la mano por doquier y de todas partes surgían aplausos y aclamaciones: "¡Viva nuestra Delfina! ¡Qué bella es!" Desde el balcón de las Tullerías, la princesa volvió a saludar a la muchedumbre arrancado 'vivas', mientras el mariscal Brissac, gobernador de París exclamaba: "*Madame*, si no se disgusta el señor Delfín, ahí tenéis doscientos mil enamorados".

En el transcurso de las siguientes semanas, la Delfina regresó varias veces a París y, siempre, en la Ópera, en la Comedia Francesa, en los Italianos, en la Feria de San Ovidio, en la fiesta de Saint-Cloud y en el baile al aire libre en casa de Griel, le salían al paso expresiones de cariño, aplausos y exclamaciones.

Durante los primeros meses del año siguiente (1774), raras fueron las veces que Luis XV convivió con la familia real. El abate de La Ville y el marqués de Chauvelin habían muerto repentinamente ante su vista y en estas muertes el soberano creía ver un presagio. El jueves Santo, el abate de Beauvais predicaba en la capilla de Versalles:"¡Antes de cuarenta días, Nínive será destruida!" —advertía con furor. Dicen las crónicas que Madame du Barry, temblando de inquietud decía a sus íntimos: "Daría lo que fuere para que este indecente mes de abril hubiera pasado".

El 28 del mismo mes, Luis XV cayó enfermo de gravedad y dos días después, a la luz de una bujía, podían verse en su rostro algunas manchitas rojas. Los médicos se miraron espantados: era la viruela. Se oyó decir a Bordeu que hablaba con el duque de Liancourt: "A los sesenta y cuatro años con el cuerpo del rey, es una terrible enfermedad".

La Delfina deseaba permanecer con las princesas en la habitación del enfermo pero no se lo permitieron; por el contrario se le alejó de allí, al igual que al Delfín. Ambos debían encerrarse en sus departamentos y hacer las comidas con los condes de Provenza y los de Artois en un comedor privado. Sólo podían recibir al embajador de Mercy y al abate Vermond. María Antonieta se sentía verdaderamente afligida al grado que Mercy escribió a la emperatriz al respecto: "Su comportamiento ha sido el de un ángel". La joven no volvió a ver al rey hasta el día de las plegarias públicas. Arrodillada en el gabinete del Consejo, miraba hacia la tienda de campaña donde se tenía aislado al enfermo que agonizaba.

La agonía del rey se prolongaba. El Delfín permanecía en los gabinetes de María Antonieta, prestando ambos oído a las cuarenta horas que se estaban rezando y cuyo murmullo les llegaba de abajo cortado por las ráfagas de viento. El 10 de mayo de 1774, aproximadamente a las tres de la tarde se produjo de pronto un silencio. La bujía que estaba encendida en una de las ventanas del aposento real acababa de apagarse. Poco tiempo después, se escucharon las palabras del Gran Chambelán: "¡El rey Luis XV ha muerto!... ¡Viva el rey Luis XVI!"

Afuera se escuchaban los pasos de la gran multitud que

Digna, adorable y alocada, María Antonieta fue envuelta en sucesos que la rebasaron.

se marchaba con lentitud. En eso, la puerta se abrió para dar paso a la condesa de Noailles que fue la primera que avanzó hacia María Antonieta y le saludó con el título de reina. Al día siguiente, esta joven reina escribía, desde Choisy, una larga carta a su madre:

"El nuevo rey parece tener el corazón de su pueblo; dos días antes de la muerte del abuelo, ha hecho distribuir doscientos mil francos entre los pobres. Después de muerto Luis XV, no cesa de trabajar y contesta por su propia mano a los ministros a quienes aún no puede ver..."

Al anunciar a la emperatriz que Luis XVI acababa de exiliar a la señora du Barry en la abadía de Pont-aux-Dames, la joven reina agregaba:

"Aunque Dios me ha hecho nacer en el rango que hoy ocupo, me es imposible dejar de admirar los designios de la Providencia que ha dispuesto que yo, la más humilde de sus hijas haya sido destinada al reino más hermoso de Europa..."

Al terminar, María Antonieta le alargó la pluma al rey, diciéndole que unas palabras suyas darían mucho gusto a la emperatriz. Él, titubante, le pidió que se las dictara y, así, escribió:

"Me siento muy satisfecho por haber tenido la ocasión de probarle, mi querida mamá, mi ternura y adhesión. Mucho desearía sus consejos en estos momentos tan difíciles..."

La reina se interrumpió. Luis XVI esperaba con la pluma en la mano a que ella continuase, pero sonriendo le dejó a él solo concluir el párrafo final. El rey reflexionó un instante y agregó a lo escrito:

"Me sentiría encantado de poder complacerla y le expreso mi adhesión y reconocimiento, sobre todo, por haberme dado a su hija, de la cual no podría estar más contento."

María Antonieta, que iba leyendo por encima del hombro de su esposo, rompió a reír y volviendo a tomar la pluma terminó así:

"El rey no ha querido dejar partir mi carta sin agregar algunas letras suyas. Ve, mi querida mamá, por lo que le ha escrito, que aunque me profesa una gran ternura, no me lisonjea con boberías."

3

La Reina de Francia

El pequeño reino

El día en que Luis XVI le concedió el pequeño Trianón a María Antonieta, ésta se creyó librada de todo lo que le fastidiaba desde el día en que se casó. ¡Por fin iba a poder vivir a su antojo, lejos de la corte, sin que le importunaran! En adelante reinaría sobre su pequeño reino y donde no habría entrada más que para sus amigos. El mismo rey sería el primero de sus súbditos.

Le Petit Trianón se encontraba a poca distancia de Versalles y era, sin embargo, un escenario diferente. El pequeño edificio y el pabellón de fachadas blancas no eran tan tristes como los palacios reales, aunque los invernaderos con sus grandes vidrieras y los arriates que rodeaban a aquel palacete le dieran cierto aspecto severo. Había que embellecerlo, reanimarlo, hacerlo más atractivo. Lo primero que hizo María Antonieta fue encomendarles al conde de Caraman, especialista en jardinería y al arquitecto Minque, que transformaran el jardín botánico de Luis XV en un jardín anglochino. No quería adornos ostentosos ni detalles antiguos; acaso un *belvedere* en mitad de un lago artificial y un templo dedicado al amor en una isleta.

En tanto, la reina abría el Trianón a la familia real y recibía al rey; ofrecía cenas y fiestas íntimas en *El Naranjal*.

Desde Viena, la emperatriz María Teresa cumplimentaba a los nuevos reyes: "Todo es un éxtasis, una locura, y hay motivo: un rey de veinte años y una reina de diecinueve... prometen la felicidad más grande. Hacen revivir a una nación que se hallaba en las últimas..."

De todos modos había que ser austeros y atender asuntos más serios. Se estimaba que el Trianón iba a costar millones a Francia por lo que la emperatriz añadía en su carta: "Que ese primer regalo tan encantador que te ha hecho el rey, no sirva ni dé ocasión a gastos demasiado grandes... Todo depende de un feliz principio". Y a estos consejos agregaba también algunas críticas. Luis XVI accedía de buena gana a las diversiones de su mujer y parecía siempre dispuesto a satisfacer todos sus caprichos. Se decía que a instancias de ella había caído en desgracia el duque de Aiguillón, ministro de Negocios Extranjeros y que no se le ponían límites al joven y alocado conde de Artois, cuya conducta era escandalosa. Sus familiaridades molestaban a la reina, pero él se aseguraba que ella las toleraba. "Se dice que es atrevido en exceso —recriminaba la emperatriz—. No es conveniente que lo toleres, a la larga esta tolerancia podría perjudicarte".

Lo que María Teresa de Austria no le decía a su hija era que circulaba en el extranjero un panfleto en su contra a propósito del cual se mencionaban el nombre del duque de Aiguillón y el de un tal Beaumarchais. De inmediato el embajador Mercy se apresuró a tranquilizar a la emperatriz. "Hasta hoy en lo que respecta a las costumbres nada ha llegado a manchar al alma virtuosa". Por su parte María Antonieta se defendía de manera franca y abierta, y respondía a su madre:

> *"Verdad es, que el conde de Artois es vivaz y aturdido en extremo, pero yo sé hacer que se dé cuenta de sus errores... No siempre tiene la continencia que debiera, sin embargo, mi querida mamá, puede tener la completa*

seguridad de que sé cortar sus pillerías y bribonadas; y que lejos de prestarme a familiaridades, más de una vez le he dado lecciones mortificantes en presencia de sus hermanos y hermanas".

Pero estas incriminaciones no afectaban la imagen de María Antonieta. El pueblo la adoraba; en la Muette, en Marly, en Compiégne, en Fontainebleau, en Versalles, en la capital y por cualquier lugar donde ella aparecía, se le aclamaba, se le aplaudía. La vieja condesa de Boufflеurs, tan celebrada en tiempos de Luis XV, decía refiriéndose a los nuevos príncipes: "Es el reinado de la juventud. Ellos creen que se 'chochea' ya cuando se han pasado los treinta años".

Desde el momento en que Luis XVI renunció al 'derecho de alegre advenimiento', María Antonieta renunciaba al 'derecho de cintura que tenía la reina'. Se repetían las palabras que ella había pronunciado aquel día: "¿Qué haré yo? Ya no se usa el talle a la cintura". Cuando la reina instituyó las cenas familiares, las princesas pusieron el grito en el cielo pero nadie les hizo caso. Hasta entonces la etiqueta prohibía a las princesas reales admitir hombres en su mesa, por lo que éstos se reunían en las llamadas cenas de cazadores que tanto "habían contribuido a hundir a Luis XV en el desorden". Gracias a las nuevas disposiciones, las personas distinguidas y de mérito podrían sentarse junto al rey, y la reina no quedaba separada de su marido.

María Antonieta hacía justicia a las cualidades de Luis XVI. En ocasiones llegó a poner a prueba su sagacidad. En aquella época, lo que más le gustaba era hacer travesuras. Cuentan las crónicas que una vez restablecido de la inoculación que se le hizo de la viruela y que el rey pudo reintegrarse a su rutina diaria, dedicaba parte del día a la caza y el resto del tiempo lo ocupaba en trabajar. Cierta mañana, consistió en recibir a una monja que insistía en verlo. Llevaba un velo en la cabeza que le cubría parte del rostro y entró en su gabinete caminando de manera humilde. Cuando estuvo ante su presencia le dijo con voz temblorosa e inteligible: "*Sire*, vengo en nombre de mi comunidad... a felicitar a Vuestra Majestad por el feliz resultado de la inoculación... Además, le ruego que sea benévolo con nuestro convento... que se halla en la más urgente necesidad". Al ver que Luis XVI sacaba su bolsa, la religiosa comenzó a reírse. Alguien que estaba presente dijo: "¡Es una loca!" El rey le hizo una seña al capitán de sus guardias y ordenó: "¡Que se la lleven, pero con cuidado!". Como respuesta se oyeron de nuevo las risas que después se convirtieron en carcajadas al mismo tiempo que la supuesta monja decía: "¿Qué? ¿No me reconocen?, y levantándose el velo dejó ver su rostro: era la joven reina de Francia.

Tampoco faltaban los momentos difíciles para aquellos reyes demasiado jóvenes e inexpertos para gobernar. Madame Adelaida se mostraba molesta por haber perdido su autoridad y el conde de Provenza, a quien llamaban "Monsieur" (Señor), se jactaba de haber entrado en el Consejo de Estado y que muy pronto desempeñaría el papel que le correspondía. Pero como no sucedió así, estaba muy enojado y culpaba a María Antonieta de su fracaso. El mal venía sobre todo del rey, de su bondad para con sus hermanos y cuñadas. El hecho de haberles permitido suprimir el título de Majestad cuando se dirigían a él, incitaba a los príncipes al abuso.

Cuando se dio por terminado el periodo de luto, Luis XVI quiso devolver a la corte todo su esplendor. Lo consultó con María Antonieta y ella, encantada, decidió que se darían tres espectáculos semanales: dos comedias francesas, una comedia italiana y dos bailes. Los bailes se celebrarían en sus departamentos, y pronto pareció que todo despertaba y se transformaba por obra de magia, como en los cuentos de hadas.

La reina quiso ser la mujer más hermosa del reino y la más elegante. Sus peinados eran los más originales, sus plumas las más altas, sus faldas las de mayor amplitud, y sus cestillos los más grandes. Celebraba interminables sesiones con Rose Bertín, una joven modista que le recomendaran la duquesa de Chartres y la princesa de Lamballe... *Mademoiselle* Bertín llevaba los adornos de la cabeza a alturas prodigiosas. Montadas sobre un *pouf* estas frágiles construcciones representaban montañas, praderas o arroyos; un enorme penacho les servía de sostén.

Dotada de un gusto exquisito, María Antonieta era en extremo sensible a la gracia. Juzgaba a una mujer por su rostro y a los hombres por su aspecto. Lo que le parecía aburrido y fastidioso llegaba a impacientarle. Solo le gustaba lo que fuera animoso, alegre y jovial. Las personas cultas y de experiencia, las viudas decrépitas, los grandes señores caducos, no se sentían a gusto en el torbellino de aquella corte joven. Mercy presentía el peligro y le advirtió a la reina que cuidara a aquellos "viejos pilares de la corte" a los que ella llamaba irreverentemente "los siglos" porque ellos eran el "sostén natural el trono". Pero María Antonieta declaraba gentilmente que era gente demasiado seria y razonable, y que, ante todo, había que divertirse. De ahí su debilidad ante las locuras del conde de Artois.

María Antonieta quiso ser la mujer más hermosa del reino y la más elegante. Sus peinados eran los más originales, sus plumas las más altas y sus faldas las de mayor amplitud.

Entre derroches y tropezones

Para distraer a su cuñada, el apuesto joven de diecisiete años, inventaba cada día nuevas diversiones. Dicen que el 'anzuelo' de las diversiones era lo que la ligaba a este príncipe a quien no quería ni estimaba. "Cuando él tuvo sarampión —escribe un cronista de la época— la reina se paseaba o iba de caza con el rey". Esta indiferencia sorprendía al embajador Mercy, quien no tardó en increpar a la reina. "Nuestra relación es una relación de diversiones —le respondió ella— . Toda amistad concluye cuando éstas se acaban..." Apenas se restableció su cuñado, María Antonieta volvió a buscar su compañía. Nuevamente estaban juntos en las cacerías en el Bosque de Bolonia, en los paseos a caballo, en trineos o en coches ligeros. La acompañaba en los bailes de máscaras y le tenía por confidente, aunque sus confesiones la turbaran. También se les veía juntos en el llano de Sablons donde el príncipe hacía correr sus caballos. María Antonieta seguía las carreras desde un pabellón junto con las princesas y el conde de Provenza. Se sentaban alrededor de una mesa dispuesta para tomar la merienda y armaban tal alboroto que era imposible entender lo que decían. El más bullicioso de todos era el conde de Artois que no se estaba nunca quieto; brincaba, apostaba, se enojaba cuando perdía y corría en medio de la multitud para animar a los jockeys o bien, presentaba al ganador a la reina.

Era en el castillo de Fontainebleau donde la influencia del conde de Artois se tornaba más perniciosa. Pese a que el rey se oponía, el joven príncipe y su primo el duque de Chartres, "ambos jugadores empedernidos", se empeñaban en remplazar con juegos de azar el de *la carvañola, la lotería* o *el tric-trac* que eran los preferidos entonces en la corte. El *lansquenet* no era suficiente; querían jugar al *faraón*. El rey acabó consintiendo con la condición de que se jugara solamente en esa velada, la cual duró dos días seguidos. Cuando

Luis XVI declaró que él no había autorizado más que una partida, María Antonieta replicó que se había olvidado de fijar su duración. Entonces, el rey, soltando una carcajada, murmuró: "Vamos, vamos; estando usted nada valen los demás".

Este pasatiempo que poco tiempo atrás fastidiara a María Antonieta, se convirtió para ella en "una imperiosa costumbre" que el conde de Artois tenía buen cuidado de alentar. Mercy, que como ya se dijo, no perdía de vista a la reina, de inmediato informó a la emperatriz: "Todas las noches se juega en los departamentos de la reina y ella pierde sumas considerables. Las cantidades que le entrega el rey cada semana para pagar sus gastos quedan absorbidas por las pérdidas diarias que ella sufre en el juego".

Eran innumerables los que sabían cuánto costaban las fiestas de la reina a las arcas del Estado. Era notorio para todos que casi diariamente la soberna conseguía que el rey pagase, con el dinero del erario, las deudas de ciertos amigos suyos y de algunas amigas dedicadas a la disipación. Y todo esto mientras las crisis y los impuestos pesaban especialmente sobre los campesinos, la miseria se extendía, inexorable; y la multitud de hambrientos recorría las calles de la ciudad, cada vez más amenazadora, gritando: "¡Pan! ¡Pan!"

En enero de 1777, el total de las deudas de María Antonieta se elevaron a cuatrocientos ochenta y siete mil libras. El rey consistió de buena gana pagar aquella suma. Meses antes le había entregado cuanto le pedía, diciendo "que no le sorprendía que la reina estuviese sin dinero dado su gusto por los diamantes". ¡Los diamantes...! A decir del embajador Mercy, la reina los poseía en grandes cantidades. Cierto que el rey había ofrecido darle más de cien mil escudos, pero ella quería adquirir unas girándulas que le había presentado un joyero, y luego, fueron un par de brazaletes. La emperatriz advertida por Mercy, regañó a su hija: "Las noticias que me llegan de París anuncian que compraste brazaletes por doscientos cincuenta mil libras y que a causa de ello has trastornado tus finanzas..." Tras leer esta carta, María Antonieta llamó al abate Vermond y le comentó:

– Ya veis cómo llegaron mis brazaletes a Viena. Apuesto que en ello ha tenido que ver mi hermana María.
– ¿Por qué? – preguntó el abate haciéndose el asombrado.
– Por envidia – contestó la reina – . A ella le gustan.

Vermond le preguntó si la emperatriz se encontraba enfadada y por toda respuesta María Antonieta le mostró la carta.

Esta falta de reflexión y los errores cometidos, aún cuando podían excusarse por su extremada juventud, escandalizaba a los falsos devotos, a la rancia aristocracia y a la gente de mayor edad de la corte, que desde que María Antonieta era la Delfina se habían espantado por su sentido del humor y desbordante alegría. En Versalles, en el Palacio Real y en Luxemburgo no se hablaba de otra cosa que no fuera lo que hacía la reina. Criticaban su vida íntima, malinterpretaban sus acciones y gente mal intencionada hacía correr toda clase de chismes, dando pie a insultos y frases denigrantes hacia su persona. En el palacio de Bellevue, a donde se habían retirado sus tías, las tres princesas, se burlaban de las modas implantadas por la reina y de las plumas con que adornaba su tocado. "Ornamentos de caballo" – murmuraban las princesas. Así, pues, empezaron a hacer circular historias escabrosas que después se expandieron por todo París y después ellas mismas le lanzaron sus más pérfidos ataques y las acusaciones más ultrajantes.

El entusiasmo que había despertado el matrimonio de María Antonieta con el príncipe heredero se mantuvo hasta la llegada de su hermano Maximiliano, después, comenzó a declinar. Acompañado del conde de Rosenberg, hombre de confianza de la emperatriz, el joven archiduque viajaba por Francia con objeto de perfeccionar su educación y el 7 de febrero de 1775 llegó a Versalles de incógnito.

A los dieciocho años, Maximiliano carecía de experiencia y se le encontró limitado. Sus torpezas hacían sonreír a quienes le tenían mala voluntad y pasaban de boca en boca. Le habían puesto el apodo de "architonto". Los príncipes de sangre real sostenían que el archiduque les debía a ellos la primera visita. Viajaba con el nombre del conde de Burgau y tras vanos intentos de conciliación, María Antonieta dijo al duque de Orleáns de manera aguda: "El rey no ha tenido en cuenta nada de esto. Ha tratado al archiduque como a un hermano y le ha hecho cenar como a un particular en el seno de la familia real, honor al que supongo, no ha pretendido usted, nunca. A mi hermano le disgustará no haber conocido a los príncipes. Sin embargo, como va a estar muy poco tiempo en París y tiene mucho que ver, él se abstendrá".

El incidente tenía escasa importancia pero se hizo enorme. Cuando el conde de Provenza organizó en Versalles las fiestas en honor de Maximiliano, el duque de Orleáns se trasladó a Sainte-Assise; Condé a Chantilly y Conti a la Isla de Adam. El duque de Chartres y el conde de La Marche se dejaron ver en París y se les aclamó en extremo. El pueblo se mostraba contento ante la conducta de los príncipes porque no se habían dejado intimidar por los grandes aires de un archiduque austriaco. Decían que la reina se había mostrado menos francesa que ellos... Todo esto lo expresaban en voz alta, y Luis XVI, disgustado, prohibió a sus primos la entrada en la corte durante varias semanas. Este "chisme de príncipes" dio origen a unas coplas amenazantes que se referían a la reina.

Pero María Antonieta, influenciable hasta la exageración, continuaría dando pasos en falso. Por ese tiempo, el señor de Guines, embajador del rey en Inglaterra, fue acusado de contrabando y de defraudar los fondos secretos. El partido de Choiseul, al cual pertenecía, persuadió a la reina de que era inocente y el culpable fue absuelto. Para que su triunfo fuera completo, el duque de Aiguillón, enemigo suyo desde que era Delfina, fue confinado a sus tierras de

Gascuña. Besenval, gran amigo de Choiseul, había denigrado al duque a los ojos de la soberana y demostrado la necesidad de alejarlo de la corte, mas la opinión pública consideró que había sido la reina quien decretó aquel confinamiento. En todos lados no se hablaba más que de "tiranía" y de "violación de los derechos de los ciudadanos". De aquella intriga en que se vio envuelta por su torpeza e inexperiencia, María Antonieta se ganó la reputación de "malvada e implacable".

Sin embargo, paradójicamente, semejantes errores se debían a su bondad, generosidad y buena fe mas continuaron repitiéndose aumentado el descontento general. A las princesas, la *mesdames*, *madame* de Marsan y demás partidarios del duque de Aiguillón, se les unieron familias poderosas. Entre todos aquellos enemigos de la reina los más peligrosos eran las mujeres de la antigua corte, los amigos y protegidos de la du Barry. María Antonieta se negaba a recibirlas sin sus maridos, razón por la cual habían surgido una serie de animosidades y resentimientos inexplicables. *Madame* de Mónaco, la querida del príncipe Condé no recibía mejor trato que *madame* de Chatillon, la condensa de Valentinois, la marquesa de Roncé, "reina de las noches de Chantilly", o a la duquesa de Mazarín que según afirmaban no sabía ruborizarse. También habían sido borradas de las listas de los bailes, por razones semejantes, las mujeres de comportamiento poco escrupuloso y las ambiciosas advenedizas, como *madame* de Genlis o la extraña condesa de Balbi, quienes trataban de vengarse a su manera de "la honestidad y risueña pureza de una reina todavía infantil", que ellas tanto criticaban".

Las grandes damas y las cortesanas más célebres, unas y otras, envidiaban a María Antonieta, quien no tenía más de veinte años. Su belleza estaba en todo su esplendor y parecía dilatarse en una atmósfera de admiración. En las bodas de *madame* Clotilde con el príncipe de Piamonte, fue la reina quien abrió el baile teniendo como pareja al conde de

Provenza. Todos los extranjeros invitados a palacio no tenían ojos más que para María Antonieta. Al día siguiente, Horacio Walpole, escribía a sus amigos:

> *"Las Hebes y las Floras, las Helenas, las Gracias, son mujeres de la calle a su lado. Cuando está en pie o cuando se sienta, parece la estatua de la belleza y cuando se mueve es la gracia en persona. Llevaba un traje de plata sembrado de laureles rosas; pocos diamantes y plumas... Se dice que no baila con mesura en cuyo caso es la mesura quien se engaña".*

Luis XVI

Ligera, derrochadora, a veces responsable de indiscretas intromisiones en los asuntos de Estado, María Antonieta se aprovechaba del carácter indeciso de su débil marido. Pero ¿a qué se debía que el rey no se conmoviere ante tantas seducciones? Se decía que estaba muy prendado de su mujer ¿Por qué, entonces, la descuidaba? Luis XVI no estaba absolutamente desprovisto de las virtudes necesarias a los reyes. Pero estas virtudes: capacidad para el trabajo, espíritu metódico, buen sentido, sabiduría, y hasta bondad, se hallaban neutralizadas por su incurable debilidad de carácter. Además, carecía de elegancia y audacia. Su economía podía llegar en ocasiones hasta la tacañería. Sus complacencias lindaban con el ridículo. Si alguno de sus cortesanos sostenía su mirada, avanzaba hacia él y le hacía ir para atrás hasta que llegaba a la pared; luego, no sabiendo qué decir, soltaba una carcajada, le volvía la espalda y se retiraba. Le gustaba luchar con sus favoritos, y sus vigorosas manos acostumbradas a forjar llaves o a manejar la pala de albañil, no tardaban en arrojarlos al suelo, dejándoles medio estrangulados después de la lucha. Tal cosa le ocurrió al príncipe de Ligne que no se molestó porque sabía que el rey lo hacía sin mala intención.

Los actos preparatorios para que el rey se acostara a dormir eran todo un espectáculo que afligían aún más. Alguien que le era familiar esperaba en la puerta y cuando Luis XVI llegaba le arrojaba su cordón azul a la nariz. Luego se despojaba de sus vestidos hasta la cintura y se rascaba con gravedad ante la corte. Cuando le querían pasar la camisa, él empezaba a hacer gestos y se alejaba o agachaba, y tenían que perseguirlo. Con la bata puesta, entre tres ayudas de cámara le despojaban de los pantalones que caían a sus pies. Así, con aquel estorbo, pasaba revista a los asistentes.

Luis XVI se levantaba temprano, a las seis de la mañana llamaba a sus sirvientes y preguntaba:

—¿Qué hay de desayunar?

—*Sire,* un pollo gordo y costillas— le respondían, generalmente.

—Es demasiado poco —recriminaba el rey— que le agreguen huevos.

Él mismo vigilaba los preparativos y se engullía cuatro costillas, el pollo, seis huevos, una rebanada de jamón, todo ello acompañado con una botella y media de champaña. Inmediatamente después, salía a cazar y lo hacía hasta el límite de sus fuerzas en Saint-Hubert o Rambouillet. Agotado volvía en coche a Versalles, durmiéndose en el camino, y adormilado, subía las escaleras de palacio. En sus horas libres iba a su fragua instalada bajo los tejados y allí se ponía a fabricar llaves y cajas de hierro, bajo la dirección del 'compañero' Gamain que no perdonaba ningún sarcasmo a su regio discípulo. A veces se le veía con los brazos desnudos en algún patio, ayudando a los albañiles a reparar una pared. ¡Junto a la reina, aquel rey en condiciones tan lastimosas¡ El príncipe de Ligne llegó a decir que María Antonieta se había casado, tal vez, con el mejor hombre del reino aunque, ciertamente, no con el más apetecible.

De hecho, la reina se sentía superior a Luis XVI. De ahí su disgusto, su insubordinación y aquella independencia;

su desdén y sus burlas por un marido que, por otra parte, aún no lo era. De ahí también, la sociedad de la cual solía rodearse, la cual estaba integrada por las mujeres más bonitas y los hombres más cultos de la corte.

Tras haberse marchado su hermano Maximiliano, María Antonieta envió algunas cartas a su amigo de la infancia, el conde de Rosenberg en donde le hablaba de la fragua del rey que él había visto en Versalles, y también le confesaba cómo fue a persuadir al rey para que concertase una entrevista con Choiseul, cuya vuelta ella deseaba y el rey no quería: "Lo he hecho tan bien que el 'pobre hombre' le ha indicado la hora más cómoda para que pueda verle".

¡*El pobre hombre*! Esta expresión que se le escapó a la reina, desencadenó una verdadera tempestad en Viena. La emperatriz María Teresa, en su indignación, comparaba aquella

Su Majestad Luis XVI, rey de Francia, retratado por Callet con todos los atributos reales.

pequeña astucia de su hija con las intrigas de una Pompadour o una du Barry. Herida en su amor propio, la joven reina respondió:

"Jamás me atrevería a escribir a mi augusta madre si no me sintiera la mitad de culpable de lo que ella cree. Ser comparada con la Pompadour, o la du Barry, merecedoras de los calificativos más afrentosos, es cosa que no va con vuestra hija. Yo escribía una carta a un hombre que goza de vuestra entera confianza por sus méritos, y... he creído poderle conceder la mía. Como ha estado en este país y él conoce el valor que se le dan a ciertas frases, yo no debía tener ningún inconveniente. Mi querida mamá, me juzga en otra forma; no me queda más que bajar la cabeza..."

Por otro lado, su cuñada, la condesa de Artois, acababa de dar a luz. Esto hacía mayor su pesar, y añadía en su misiva:

"Considero inútil decir a mi querida mamá, cuánto he sufrido al ver a un heredero que no es mío. Sin embargo, he llegado a prodigar todas las atenciones posibles a la madre del niño".

Durante los meses que siguieron, María Antonieta hablaba a su madre en términos precisos respecto a su estado y al de Luis XVI. Ella hubiera deseado que el rey se decidiera a la "pequeña operación" que juzgaba necesaria. Al respecto le escribía:

"En cuando al hecho que más preocupa a mi querida mamá, he de decirle que estoy muy disgustada por no poderle comunicar nada nuevo: el abandono no es culpa mía, ciertamente. Yo no tengo otros medios que el ser paciente y dulce..."

En cuanto al conde de Provenza, a quien la emperatriz oponía frecuentemente en sus cartas por su conducta prudente, frente a las extravagancias del conde de Artois, María Antonieta, respondía:

> *"Es muy cierto que* Monsieur *no tiene los inconvenientes del conde de Artois, pero su carácter más débil le hace conducirse más tortuosamente y con mayor bajeza; él emplea en sus asuntos y para obtener dinero, pequeñas intrigas que a cualquier persona honesta le ruborizarían... Ha creído ventajoso buscar mi intimidad y para lograrlo me ha escrito. En su carta hay mucha bajeza y falsedad. Con todo, he creído un deber demostrar que dudo. Después continuaremos nuestras relaciones en tono de cordialidad... Estoy convencida de que si tuviera que escoger marido entre los tres hermanos, seguiría prefiriendo al que el cielo me ha dado; su carácter es sincero y pese a su torpeza tiene todas las atenciones y complacencias posibles conmigo...*
>
> *Nos hallamos en plena epidemia de tonadillas satíricas. Se han hecho sobre todas las personas de la corte. Yo, tampoco me he librado; muy liberalmente se me han supuesto los dos gustos: el de las mujeres y el de los amantes."*

En estas tonadillas, en los panfletos, el punto más importante se refería a la operación que debía sufrir el rey, la cual permitiría "hacer gustar a la reina el placer del amor". Todo se hallaba dispuesto para la operación de Luis XVI, —afirmaba el libelista (autor de escritos satíricos e infamatorios). Iban a cortar el filamento que le daría voz, de la misma manera que se cortaba el frenillo de la lengua a los niños que no podían hablar. Pero al ver los instrumentos, Su Majestad lo aplazaba... Pasaba el tiempo y Luis seguía sin decidirse. María Antonieta había mandado construir un pasaje secreto. El rey podía visitarle en todo momento sin que nadie le viera hasta entonces para trasladarse de una habitación a otra hacia falta atravesar el Ojo de Buey lleno de gente a todas horas o el departamento de madame Sofía. Iluminado noche y día, el 'pasaje del rey' corría bajo los habitaciones de aparato a través de los entresuelos.

En la corte se atrevían a bromear sobre la enfermedad del Luis XVI. Y a los libelos y panfletos que circulaban a escondidas hablando de lo mismo, se sumaban ciertas indiscreciones hechas, a veces, de manera directa. Cuentan los cronistas de la época que cierta noche de primavera, el conde de Saint-Germain, ministro de Guerra, se hallaba charlando con Su Majestad. El rey narraba una historia sobre la caza mientras María Antonieta intentaba interrumpirlo lanzándole bolitas de pan a la cara. Súbitamente, Luis XVI cambió de tema y le preguntó a su ministro: "¿Qué haría usted si estuviera en campaña y el enemigo le acribillara con proyectiles, de esta manera?". "*Sire,* —contestó rápidamente el ministro—, yo emplearía el cañón", e inmediatamente el viejo soldado enrojeció, sorprendido y confuso de haber respondido... lo que respondió.

Otra vez, desde las habitaciones de la condesa de Artois en Versalles, un grupo de verduleras persiguió a María Antonieta hasta las puertas de su departamento, reprochándole su esterilidad: ella estaba obligada a dar herederos al reino. Dicen que la reina se refugió en su gabinete privado y rompió a llorar.

El círculo social de María Antonieta

La reina de Francia era ligera, derrochadora e irresponsable en muchos aspectos, por lo cual fue incriminada por sus detractores, pero la otra vulgar acusación que le fue hecha de ser una especie de Mesalina que traicionaba la fe conyugal, fue injusta y calumniosa. Probablemente no amó a su marido, pero lo respetó. Le agradaba estar rodeada de gente alegre y bulliciosa. Una tarde de noviembre de 1776, se reunió un grupo de amigos en casa de la princesa de

Guémené, institutriz de los Hijos de Francia. La conversación giraba en torno a un escritor de moda que sostenía que "las mujeres no concedían a la amistad más que aquello que recibían del amor". Esta observación desagradó a la condesa Diana, hermana del conde de Polignac, recriminando: "¿Cuándo vuestro Chamfort creerá en un sentimiento desinteresado? Para él las mujeres no conceden a la amistad más que aquello que reciben del amor".

María Antonieta intervino y dijo suavemente:

> *"Si mi corazón no desmintiera esta opinión, yo me consideraría muerta. No comprendo, el precio de la existencia más que por la dicha de amar y la esperanza de ser correspondida".*

Seguramente recordaba una pregunta que Luis XVI le hizo cuando la princesa de Lamballe fue admitida en la intimidad del matrimonio: "Estoy contento de que *madame* Lamballe te acompañe siempre —le dijo—. ¿La amas mucho?". María Antonieta le respondió de inmediato: "¡Ah *Sire*, su amistad es el encanto de mi vida!".

De hecho, antes de la llegada de *madame* Lamballe ni el rey, ni nadie, había conseguido llenar el atroz vacío que María Antonieta soportaba. Sus primeras amistades no habían sido sinceras ni sólidas, y lo mismo había ocurrido en sus relaciones con *Mesdames* de Picquigny y de Saint-Megrin. La amable y hermosa condesa Dillon le había inspirado una viva inclinación pero su madre *madame* de Rothe se había mostrado voraz y ambiciosa. A *madame* de Lamballe la había conocido durante el Carnaval de 1771 en el baile de la condesa de Noailles, y desde el principio se sintió atraída por esta jovencita de veintidós años que se veía más bella de lejos que de cerca, cuyas manos no guardaban proporción con su cuerpo elegante y flexible ya que contrastaban con los rasgos finos de su cara infantil rodeaba de rubios bucles.

Viuda a los dieciocho años del príncipe e Lamballe, libertino y cínico, guardaba de su matrimonio un recuerdo pavoroso. Por ello había respondido enseguida a la simpatía que le demostraba la reina y en poco tiempo habían llegado a ser inseparables. Sentadas juntas, escuchaban *l'Iphigénie* de Gluck, que María Antonieta había introducido en la corte. De sus paseos matinales en *cabriolet*, en barca o en trineo, siempre regresaban riendo, felices.

Desde la partida de la condesa de Noailles, en el mes de agosto de 1775, madame Lamballe había sido nombrada Superintendente, cargo que la reina había instituido. Hacía ya mucho tiempo que María Antonieta soñaba con la idea de mantener cerca de ella a su mejor amiga, y sus deseos se cumplieron. Sin embargo, esta dicha le había durado poco tiempo pues la princesa mostraría muy pronto su verdadera personalidad. Era conflictiva, voluntariosa, interesada, carecía de iniciativa y era incapaz de dar una idea o un consejo juicioso. Se aferraba demasiado al protocolo; se involucraba en todas las intrigas que dividían a la corte multiplicando los enredos por bagatelas, y atacaba torpemente al abate de Vermond, lo cual disgustaba a cada instante a la reina. Además de todo esto, le gustaba quejarse para que la consolaran y hacer valer su sacrificio, por lo que hacía su abnegación inoportuna. Frecuentemente estaba triste cuando la reina tenía necesidad de que la alegraran. Así, pues, María Antonieta se desilusionó de su amiga casi al mismo tiempo que empezó a interesarse en la amistad de la condesa Jules de Polignac. Según ella, sólo las vírgenes de Rafael tenían esa sonrisa adorable y esa expresión celestial que animaban sus azules ojos. La condesa Jules tenía una cabellera negra azabache, ondulante y magnífica. Era una joven dulce y graciosa; además poseía un tono de voz suave y agradable.

En aquel momento la reina sufría por su nula vida conyugal, y se decía que *madame* de Polignac era la amiga que buscaba. Sensible, negligente, incluso perezosa, la condesa

Jules —según decía— sostenía más su independencia que sus intereses. Sus relaciones con Vaudreuil, un "hombre fuerte" que estaba de moda, le daban un poco el aire de heroína de novela. Lejos de apartar a la reina, esta situación irregular era un atractivo más para su alma virgen.

La condesa Jules era pobre. La soberna le ofreció un departamento en Versalles, el puesto de dama de palacio y después el de dama de honor de la reina. María Antonieta la veía todos los días, salía a pasear con ella y la llevaba al Trianón, donde las dos amigas pasaban muchas horas. Cuando se supo que su amiga favorita gozaba de innumerables privilegios, la reina fue severamente juzgada. Se atacó irónicamente a 'la elegida' y se quería ver en sus relaciones algo más que las efusiones de dos jóvenes solitarias que se llevaban bien.

A *madame* Lamballe no le gustó nada este favoritismo tan rápido y creciente. En *madame* de Polignac veía una rival infinitamente más peligrosa que *madame* Dillon. Todo hacía prever el dominio que la condesa Jules iba a ejercer sobre la reina de Francia. No es que se le reprocharan sus miras ambiciosas, pues *madame* de Lamballe sabía que era indolente, floja y de gustos mediocres pero temía al círculo que la rodeaba. Dirigida por su cuñada Diana y su tía, la condesa d'Andlau, dos intrigantes, la condesa de Polignac sufría, por otra parte, la influencia de su amante el conde de Vaudreuil.

El conde de Vaudreiul y *madame* de Polignac planeaban formar un grupo social muy exclusivo que hiciera más agradable la intimidad a María Antonieta. Hasta entonces la reina repartía sus '*soirées*' entre *madame* de Lamballe y la princesa de Guémené, hija de Mariscal de Soubise. Había conocido a *madame* de Guémené en casa de la condesa de Dillon y sentido por ella un gran afecto. Separada de su marido, la princesa vivía con el duque de Coigny, Caballerizo mayor del rey. Había sucedido a su tía *madame* de Marsan en el cargo de la institutriz de los hijos de Francia.

Sin carácter, pero testaruda, sin dulzura y apasionada, introvertida pero iluminada, vivía rodeada de perros que la ponían —según aseguraba— en comunicación con el más allá.

A María Antonieta le encantaba este medio. Las conversaciones solían ser más libres que en el salón de la Superintendencia y los bailes más animados. Las intrigas se tejían muy bien y se murmuraba sobre los ministros. La condesa Jules brillaba por su belleza y Besenval por su espíritu. En fin, se jugaban fuertes cantidades de dinero. Cuando los cortesanos rehusaban por temor a arruinarse, se recurría, para sostener la banca, a los jugadores habituales de los garitos públicos, como el señor Boinçot, hombre de fortuna, a quien se le veía "con escándalo, cerca de la reina, quien lo colmaba de atenciones halagadoras". Entre los profesionales del tapiz verde que llevaba con él y ciertos grandes señores poco escrupulosos, estallaban a veces disputas.

También se jugaba y se intrigaba en casa de *madame* Lamballe, pero los que intrigaban eran de condición más noble. El conde de Artois arrastraba al duque de Chartres, pariente de la Superintendente, al duque de Lauzun y a todo lo que estaba ligado al *Palais Royal.* Todos estaban entusiasmados por las ideas de *libertad, igualdad* y *fraternidad,* salidas de los cerebros en ebullición de los 'filósofos' de las instituciones de Inglaterra, sus costumbres y sus modas.

El salón de la condesa Jules pronto se convirtió en el asilo de los que huían del tumulto que llenaba el salón de la Superintendente. Las mujeres invitaban a sus amigos y por desgracia la mayor parte de ellos pertenecían al partido de Choiseul. El príncipe de Montbarey, asesor del Ministro de Guerra, veía con disgusto formarse, ante los ojos del rey y contra su deseo, un grupo en el que los miembros se esforzaban por acaparar todas las ganancias y amenazaban con entrometerse en todos los negocios del Estado.

Estaban encantados por la 'familiaridad decente' que

la condesa Jules consentía en su casa, donde nadie los molestaba ni los hacía sentir incómodos, y María Antonieta decía: "Yo soy la reina; yo soy yo". Este pequeño grupo no le ofrecía una amistad arrebatada y posesiva como la de la Superintendente, sino una privacidad donde todo eran condescendencias y sonrisas. Alrededor de la condesa Jules y de su cuñada Diana de Polignac, se reunían las mujeres más bellas y elegantes de la época como las condesas de Polastrón, 'Bichette', d'Andlau y de Chalons y la joven duquesa de Guiche, 'Guichete'. Menos seguros de su crédito, el conde de Polignac, los Polastron, los Chalons, los Andlau, todos maridos complacientes, vivían sin hacer ruido, esperando pacientemente la hora en que sus ambiciones fueran satisfechas.

La mayor parte de los familiares de *madame* de Polignac no eran muy jóvenes: sobrepasaban los cuarenta años. Sólo Dillon y Lauzun eran un poco mayores que la Reina. El marqués de La Fayette era más joven que ellos y María Antonieta lo había bautizado con el nombre de 'Blondinet". Como el grupo había aumentado y las estancias de la condesa Jules se habían vuelto ya bastante incómodas, los reunía en casa de *madame* de Guémené. Cuando la reina le concedió un departamento entre la Corte Real y las habitaciones de los Príncipes, en el primer piso del castillo, la favorita abrió su salón los martes, miércoles y viernes. Había una gran mesa de juego, un piano y un billar que permitían a cada cual divertirse a su gusto. Con frecuencia se organizaban juegos de espiritismo. De estos juegos pasaban a otros que realmente eran inocentes: la guerra-*panpan* o la gallina ciega; y después se interpretaba música o se charlaba en grupos. Los hombres de edad madura, los políticos, vituperaban a los ministros hablando con toda libertad de la corte, y ridiculizando a aquellos a quienes querían perjudicar. Sentada en un canapé, la reina escuchaba riendo las murmuraciones que se hacían para entretenerla y que en gran parte no eran sino maledicencias.

La presencia de la reina impedía que los maldicientes fueran muy lejos en sus murmuraciones. Nadie se atrevía a atacar delante de ella a *madame* de Lamballe, nadie, excepto la favorita, que no se privaba de hablar mal de ella. Dicen los cronistas de la época que su tía, su cuñada y Vaudreuil, le preparaban cuidadosamente su juego, anotándole en una hoja lo que tenía que decir. "Cuando se encontraba a solas con la reina, respondía distraídamente pareciendo preocupada; si la interrogaba, callaba; si por fin le rogaba, simulaba ceder con disgusto a esta insistencia afectuosa. No olvidaba nada de la lección aprendida: algunas quejas respetuosas y llenas de ternura; inquietudes, pesares declarados, aires de resignación y pequeñas ridiculeces lanzadas ligeramente al pasar, sobre la princesa de Lamballe. La reina emocionada, la interrumpía tranquilizándola y la besaba cariñosamente para consolarla".

María Antonieta no ignoraba que en su ausencia las dos enemigas se trataban sin miramientos. Una y otra encabezaban sus propios grupos de adeptos que intrigaban entre sí y producían nuevos enredos. La reina ya estaba fastidiada con tanto lío entre sus damas de honor y camareras. *Madame* de Lamballe, a fuerza de insistir, había obtenido un alojamiento compuesto de "doce piezas sobre el patio de *Monsieur* y la calle de la Superintendencia": Y como quería algo mejor y se hacía la contrariada ante la reina, finalmente se le concedió un departamento en el piso bajo del Pabellón d'Orleáns, debajo del alojamiento reservado al duque de Chartres. "Ella costaba al Estado más de cien mil escudos por año y terminaría por arruinar al rey...

Los enemigos de *madame* de Lamballe no le permitirían seguir sus huellas. Se había propuesto hacer de una reina inexperta, demasiado confiada, ingenua y tierna, "el instrumento inconsciente" de sus ambiciones. Pero María Antonieta no quería problemas. En vano Mercy le reprochaba no tomar jamás el tiempo necesario para reflexionar sobre las peticiones que le hacían y de ceder siempre a las inconveniencias. En vano le repetía que una gran corte no puede adoptar los sistemas de la vida privada y que la justicia debe ser antes que la amistad. Aparentemente todo esto lo comprendía muy bien María Antonieta, pero cuando el embajador esperaba que ella pusiera un 'hasta aquí', ella decía: "Tengo que consultar..." Y pedía consejo a los Polignac.

Los amigos voraces

La reina no sabía decir 'no' y al rey le sorprendía que continuamente acudiera a su bondad, consiguiendo que él pagase no sólo sus caprichos sino los de sus amistades. María Antonieta le respondía sonriendo: "Mi más dulce satisfacción es hacer dichosos a todos... Me place que no se vayan disgustados..." Estaba contenta de haber encontrado en la condesa Jules el corazón amigo tanto tiempo buscado, y aunque no le perdonara a su amante, el conde de Vaudreuil, el ascendiente que sobre ella tenía, éste gozaba de su favor y no dejaba de colmarlo de bienes.

Otro miembro del grupo era *monsieur* de Guines, excelente músico, virtuoso flautista, que ostentaba con increíble suficiencia su prominente vientre en el salón de los Polignac. Para parecer menos grueso llevaba trajes apretadísimos, y decían que para vestirse tenía que subirse sobre dos sillas y descender en su pantalón sostenido por dos criados. Después de su victoria sobre Turgot y el duque de Aiguillon, había llegado a duque gracias a la reina, soñando todavía con reemplazar al Primer ministro Maurepas.

Menos sutil, menos corrompido tal vez, más dañino seguramente, el barón de Besenval, teniente coronel de los Guardias Suizos, era un cínico. Su elegancia, su rudeza, sus insolencias calculadas, le habían dado una reputación de franqueza y de bondad que contradecía su vida privada, en donde era el más desagradable, gruñón y duro de los amos. Enamorado del arte como Vaudreuil, compraba cuadros, estatuas y porcelanas carísimas, y se sentía toda una autoridad en jardinería, dando su opinión sobre los jardines del Trianón. Vaudreuil y Benseval se disputaban el crédito de la reina. El barón iba siempre tras una plaza o una pensión, no para él sino para sus amigos. Asistía a todas las comidas y a todas las fiestas. La reina creía tanto más en su amistad y lo escuchaba con tanto más placer como que él halagaba hábilmente sus gustos; se dejaba convencer a pesar de los consejos del embajador Mercy o del abate Vermond que le pedían en todo momento cordura. ¿Por qué negar a una reina lo que es la dicha de cualquier persona? ¿La obediencia de los pueblos, su amor, su respeto tienen que ver con la más o menos cantidad de horas que una familia real pase en un círculo de cortesanos fastidiosos y aburridos?. Estos y otros argumentos por el estilo eran aprobados por el círculo social de María Antonieta y ella misma los aplaudía abiertamente, auque no debía tardar en arrepentirse. Al barón de Benseval haría la reina confidencias sobre su relación marital con el rey, lo cual más tarde el pueblo de París pondría en forma de coplas.

El conde de Adhémar, un hombre maduro pero muy apuesto, se disimulaba discretamente tras esos tres personajes (Vaudreuil, Guines y Benseval). Era un oscuro oficial del Regimiento de Rouergue y había sido introducido por Vaudreuil en la tertulia de la condesa Jules, convirtiéndose bruscamente en miembro de la corte. A sus méritos un poco endebles y a su figura bastante agradable los unía un espíritu de los más vulgares. Pero era tan insinuante, con tan buen sentido del humor y tan complaciente, que agradaba mucho a la reina y la hacía reír cuando cantaba 'buenas' canciones de Collé y 'malos' cuplés hechos por él mismo. Se le ligaba con *madame* Valbelle, una viuda muy acaudalada, él había recompensado mal a la dama por su fantasía matrimonial y declaraba a quien quería oírlo: "Hay que llegar por las mujeres. Por mi parte yo me encargo de sacar de ellas todo cuanto deseo".

De todos los avorazados de ese grupo social, de todos los parientes de Jules, quien más beneficios obtuvo fue el marido de la favorita, el conde de Polignac, que consiguió el cargo vitalicio de Caballerizo mayor de la reina, puesto antes ocupado por monsieur de Tessé. Esta designación acarreaba un gasto de ochenta mil libras por año, sin contar caballos y coches. Todos estos beneficios, empleos y honores fueron seguidos de muchos otros, y Luis XVI no fue capaz de detener la llamada 'avalancha de bienes'. El rey apreciaba a la condesa Jules y por el gran cariño que profesaba a María Antonieta y su falta de carácter, estos abusos llegaron demasiado lejos. Aparte, cuando él osaba oponerse, la reina ponía en práctica los consejos que le diera Choiseul el mismo día de su boda: "Para gobernar al rey hay que 'conquistarlo' por la dulzura y 'subyugarlo' por temor". A los primeros mimos sucedían pronto los arrebatos de cólera, y a las disputas violentas seguían los arrumacos. Luis XVI siempre cedía. "¿Qué quiere? —decía al primer ministro Maurepas—. ¡Su espíritu tiene un gran ascendiente sobre el mío!"

Por lo tanto María Antonieta tenía muy inquieto a Maurepas, el 'mentor' del rey, y también a Vergennes, Saint Germain y Montbarey. Quien más le interesaba a la reina era el Ministro de Guerra, pues en la mayoría de los casos encontraba en el ejército más oportunidades para sus demandantes. No se hacía ninguna promoción militar ni movimiento alguno en los regimientos sin que su influencia se dejara sentir. Como no importaban los méritos ni nada, estos ascensos a capricho empezaron a originar muchas decepciones que rápidamente se convirtieron en odios. Habría de llegar el momento en que a la reina no la guiaba el interés por el país, ni por el reino, sino únicamente el temor de no disgustar a la camarilla que la abrumaba. María Antonieta recriminó duramente al conde de Saint Germain por haberle dado al conde Esteharzy 'la guarnición más desagradable'. Éste era un húngaro, quince años mayor que ella, que mandaba un regimiento de húsares, y que había sido en su tiempo admitido en su círculo social de Viena. Algunos años antes del matrimonio de María Antonieta, formaba parte del exclusivo grupo que ella reunía todas las tardes.

Con su regimiento, Esterhazy visitaba constantemente Versalles, cazaba con el rey, se paseaba a caballo con la reina y la acompañaba a los espectáculos. Cuando se hallaba lejos, María Antonieta le escribía largas cartas dándole noticias de la corte. Compartía con el duque de Coigny la confianza afectuosa que la reina concedía a Benseval, antes de su traición. Si el húngaro se distinguía por su fealdad, Coigny aunque tampoco era un hombre guapo, poseía cualidades morales. No era un hombre joven, pero su espíritu sólido, su rectitud, su aire de gran señor y sus exquisitas maneras hacían que fuera requerido por todo el mundo. Se le ligaba íntimamente con la princesa de Guéméné y de todos los miembros del grupo era el único que no pedía nada. María Antonieta lo nombró Primer Caballerizo del rey. La estima y el favor con que ella honraba a estos dos hombres le valieron la maledicencia de la corte y el disgusto de Mercy. El embajador temía por él mismo, ya que estos consejeros eran demasiado escuchados ¿No incapacitaban ellos los esfuerzos que él hacía por incitar a la reina a secundar los proyectos de la emperatriz y de su canciller, el príncipe Kaunitz?. Mercy tampoco veía con buena cara las familiaridades que permitía María Antonieta al conde Edouard Dillon y al duque de Lauzun.

Casi de la misma edad del joven caballero de Coigny, 'Mimí' el 'hermoso' Dillon era todavía más fatuo que él. Sus grandes aires no encajaban en las fastuosidades de la corte. Pero estos advenedizos celaban a la reina que trataba a Dillon con amabilidad, como a toda la gente de su círculo. A sus ojos, esas demostraciones afables eran insinuaciones. Dicen sus contemporáneos que María Antonieta disimulaba mal su inquietud cuando Dillon no estaba, pero apenas aparecía, su cara se reanimaba, y que se reanimaba aún más cuando Lauzan llegaba.

En espera de jugar el papel de traidor, este personaje novelesco se disfrazaba de 'seductor profesional'. Un día de marzo de 1775, llegó a casa de *madame* Guémené. Sus aventuras verdaderas o falsas de las cuales alardeaba, despertaron la curiosidad de la reina. Elegante, misterioso, de conversación amena, se esforzaba en complacer y estar en primer lugar en el favor real. Acompañaba a la reina en sus paseos a caballo por el bosque de Bolonia o en Verriéres y empezó a jugar a cortejarla, aunque la reina siempre estaba acompañada por una dama de honor y de sus escuderos. A la larga lista de mujeres que le habían amado, quería él agregar una que superaba a todas. Cierto día dio a entender que ella le había besado en la cara. Más aún, la señora de Guémené le pidió para María Antonieta la pluma de garza real de su sombrero. "La reina muere de ganas de tenerla —le dijo—, ¿sería usted capaz de negársela?". Cuentan las crónicas que al día siguiente, la reina llevaba dicha pluma y que le había dicho con infinita gracia: "Nunca me he visto tan adornada; ¡Me imagino como si poseyera tesoros inestimables!

Pero tan hermosa aventura coincidió con un acontecimiento que le despojó de todo toque novelesco. Dicha pluma fue presentada por el propio Lauzun a la reina, suplicándole que la aceptase. María Antonieta, que supo por Vermond y Mercy que el galán había tergiversado la historia, se indignó tanto que cuando Lauzun se presentó ante ella le dijo con brusquedad: "Salga de aquí, señor", y apenas hubo desaparecido, llamó a su Primera camarera advirtiéndole que nunca entra aquel hombre en sus habitaciones.

Diversiones y reconvenciones

En Viena, mientras tanto, estaban alarmados e indignados por el giro que tomaban los acontecimientos. María Teresa de Austria recibía diariamente folletos, gacetillas y escritos que contenían relatos escandalosos sobre su hija. Mercy puso a la emperatriz en guardia contra la mala intención de quienes redactaban las anécdotas: "Gracias a mi extrema y constante atención —le decía—, Vuestra Majestad no ignorará jamás ninguno de los hechos que conciernan a la reina, porque nada puede escapar a mis miradas".

Tampoco nada escapaba a los enemigos de María Antonieta. Un agente a las órdenes de Maurepas la espiaba hasta en sus habitaciones. La observaban y vigilaban en todas partes. Desde los primeros días del nuevo reinado, no cesaban de salir versos y tonadillas de los 'talleres de calumnias', ocultos entre las sombras de Luxemburgo y del Palacio Real. Se hacían caricaturas de cuanto ocurría en Versalles, Marly y Fontainebleau que se amenizaban con anécdotas picarescas. Todos parecían perseguir un mismo objeto: deshonrar a la reina.

La gente honorable que frecuentaba la corte estaba indignada por estos ataques. Un amigo de Turgot, el abate Baudeau, hacía comentarios en voz baja a las personas de confianza: "¿Sabe usted quién tira balines rojos contra la reina? ¿Quién le achaca tantos horrores...? Son la cábala jesuítica del canciller y las viejas tías quienes hacen correr todos estos rumores para hundir, si pueden, a esta pobre princesa y para quedarse ellos solos dueños de la corte".

Y no eran tan sólo las *Mesdames* quienes apoyaban al partido francés, el 'partido anti-Choiseul', sino también el conde de Provenza. Monseñor y la condesa de Marsan le habían declarado un odio implacable a la reina, así como el duque de Orleáns y su hijo el duque de Chartres, los Conti, los Montmorency, los Noailles... Por todas partes, en París, en las provincias francesas e incluso en el extranjero, se divulgaban los libelos contra María Antonieta, comentándose en los salones de los burgueses, en los cafés, en las granjas, y penetrando incluso en los colegios.

Las crónicas refieren que cuando las *Noticias de la Corte*

cayeron en manos de María Antonieta, ésta se echó a llorar y le dijo a una de sus damas de honor: "¡Quieren hacer que tema lo que tanto deseo: tener hijos!" Mas los autores de todas aquellas atrocidades nunca daban la cara. Cierto que un abate de nombre Mercier escribió un folleto de lo más ruin: *El despertar de la Aurora,* impreso bajo la gran escalera del Palacio Real. Se le detuvo y fue encerrado en la Bastilla. Pero su arresto no logró detener aquel torrente que se engrosaba cada vez más y amenazaba sumergir al trono y arrastrarlo entre sus olas cenagosas.

Si Mercy se mostraba severo respecto a la reina, no conocía la piedad cuando se trataba de quienes la rodeaban. Después de haber distanciado a María Antonieta de la señora de Lamballe, se dedicó a atacar a la señora de Guémené. Secundado por Vermond, había destrozado en el espíritu de la reina a Besenval y a Lauzun. Pero aún quedaban Guines y Cogny, y la condesa Jules. Estos favoritos y favoritas importunaban constantemente a la reina con sus demandas, la llenaban de halagos, la hostigaban y acababan irritándola: "Se tiene a la reina fuera de sí —escribía Mercy a la emperatriz—; se la marean a fuerza de disipación. Todo esto unido a la excesiva indulgencia del rey, impide por momentos, la razón de sus intenciones".

Pero la joven reina seguía sin querer darse cuenta de que sus descuidos, hasta en los más pequeños detalles que exige la etiqueta, dañaban cada vez más su imagen y por lo tanto la del Gobierno. Los autores de las inmundas coplas que circulaban por las calles encontraban todo el material que necesitaban para desacreditarla a ella y a los hombres más ilustres de Francia. El rey, la reina, de Artois 'el licencioso', la Polignac, todos ellos recibían en pleno rostro el lodo sin poderse defender. Sobre todo era la reina el blanco principal de los ataques. Le adjudicaban innumerables amantes aunque, según la historia, estas acusaciones no pasaban de ser absurdas fábulas siempre odiosas y frecuentemente ridículas a los ojos de todos aquellos que la rodeaban:

familiares, sirvientes y pajes: "la distancia que ponía, su frialdad respecto a los jóvenes" les eran bien conocidos. María Antonieta jamás recibía en privado a hombres a quienes públicamente les dispensaba un trato de favor. Se la veía retirarles su confianza "tan libremente como, en una primera ilusión les había concedido". Se sabía, en fin, "que aquella involuntaria pero continua vigilancia" de la corte o del servicio interno no permitían jamás a una reina de Francia satisfacer una inclinación, si es que tenía alguna.

Cuando el mariscal de campo, el príncipe de Ligne, volvió de Versalles, se le preguntaba en Viena o en Bruselas respecto de las 'liviandades' de María Antonieta. Y él, tan frívolo, tan irónico, cambiaba de inmediato de expresión para declarar con toda seriedad: "Su pretendida 'galantería' no pasa de un profundo sentimiento de amistad hacia una o dos personas, una coquetería de mujer y de reina para agradar a todo el mundo. Su excesiva juventud y su falta de experiencia hubieran podido alentar a alguno de sus familiares a corresponder indebidamente a su bondad. Nunca, ninguno de los que hemos tenido la dicha de poderla ver todos los días, teníamos motivo para la más leve inconveniencia. Se muestra reina sin dudas ni titubeos. Se le adora sin soñar en amarla".

Carlos de Ligne no agregaba que en cierta ocasión María Antonieta le había dicho: "A mi madre le parece mal que permanezcas tanto tiempo en Versalles. Ve algunos días a cumplir con lo que se te ha encomendado. Escríbele cartas desde Viena para que se sepa que has ido y venido". El mariscal de Ligne fue uno de los tantos hombres que se enamoró seriamente de la reina pero como no creía en las pasiones no compartidas, tal sentimiento dejó paso a una amistad viva y sincera que le valió la confianza de María Antonieta. Rodeada por su fastuoso cortejo, ella solía pasearse con él en los bosques de Bolonia o en Verriéres y la dejaba ir sin revelarle las intrigas urdidas contra ella. Sus enemigos le tendían lazos para forzarla a tomar amantes.

La Casa de Noailles hubiera deseado que 'tomara' al vizconde; y la señora de Gramont, por el lado de Choiseul, la destinaba a Lauzun.

La familia real y la de la condesa Jules le habían cobrado afecto al mariscal príncipe de Ligne. El conde de Artois, enamorado de la condesa, le llamaba 'Charlot'. Y Charlot había conquistado a todos por su ingenio y por el encanto de su inagotable conversación, su simpatía, un carácter inquieto y voluble, y principalmente, por aquella su 'coquetería soberana' que le hacía tan irresistible. Desde el momento en que aparecía con sus ojos risueños, su gran nariz, boca delgada con ángulos salientes y levantados y sus grande lóbulos, se sabía que el aburrimiento no osaría comparecer mientras él estuviera presente. Alegre, impertinente y algo loco pero con medida, entusiasta y siempre auténtico, Charlot se preocupaba poco de la etiqueta y era capaz de poner de buen humor al más melancólico. Se le retenía en cuantos lugares frecuentaba, se le hacían consultas y no se podía prescindir de él. En el seno de la pequeña corte privada de la reina, se conducía en forma diferente, sensata, y esta era la razón de que se le considerase como árbitro y de que sus decisiones se acogieran siempre sin protesta.

Cierto día, la reina y la condesa Jules jugaban una partida de billar cuando de repente empezaron a discutir entre ellas, golpeándose para saber quién era la más fuerte:

– Soy yo – decía María Antonieta.
– Porque es usted la reina – replicaba la condesa.
Ambas imploraban a Carlos con la mirada. Querían conocer su opinión.
– Sigan riñendo; créanme – exclamó sonriendo y en tono burlón.
María Antonieta, volviéndose a su amiga le preguntó:
– Y bien, si continuamos la riña, ¿qué hará?
La condesa bajó la cabeza:

–¡Lloraría mucho! –respondió–. Lloraría y lloraría; pero me consolaría por ser usted una reina.

Esto fue el principio de sus relaciones pues el caballero de Luxemburgo había concebido el proyecto de alejar a la favorita de la reina. La señora de Polignac lo supo y se decidió a hablar con María Antonieta: "Sé que nos tenemos aún mucho afecto como para ser desgraciadas si nos separamos –le dijo–. Presiento que ha llegado el momento; más tarde me sería imposible abandonaros. Hagámoslo a tiempo. Dejadme marchar; no estoy hecha para la corte. Aquí todos saben demasiado para mí."

Afuera, los caballos estaban dispuestos. La reina conmovida abrazó a su amiga y le suplicó que se quedase... De pronto se volvió asustada pues oyó a sus espaldas una sonora carcajada. Era el conde de Artois que decía a gritos: "Por mí, no tengan reparo, ¡sigan hablando". Y salió apresuradamente a contarle a todo el mundo que había hecho distanciarse a las dos amigas.

A partir de entonces comenzaría otro episodio en la vida de la reina que la comprometería aún más debido al carácter frívolo y juguetón del príncipe de Ligne, quien se convirtió en su asiduo acompañante. Él y el conde de Artois pasaban el tiempo ideando bromas y juegos en los que participaba María Antonieta. Por supuesto que todas estas niñerías eran severamente juzgadas por los censores habituales de la reina. Muchas veces la emperatriz María Teresa y Mercy habían puesto en guardia a la joven reina contra el príncipe que era un hombre excesivamente seductor y divertido. Temían su tendencia a la mofa y, sobre todo, su ligereza. Para los enemigos de la soberana todo lo que divertía a Carlos de Ligne se convertía en pretexto para nuevas acusaciones y nuevas calumnias, regocijándose en secreto de su inconsciencia que favorecía sus designios y proporcionaba temas a los panfletistas que ellos pagaban. El embajador pensaba que sólo un embarazo pondría fin a las disipaciones de María Antonieta y produciría en su moral cambios felices.

En el transcurso del verano de 1776, Mercy no tomó en serio una enfermedad que sorprendió a la reina. En las jaquecas que sufría, en sus violentos accesos de fiebre que la quinina, el hierro y la leche de burra no remediaron sino a la larga, el embajador no quería ver más que 'una afección nerviosa'. "Llora sin razón" —informó a la emperatriz. Recordaba que varios meses antes le había reprochado en forma bastante dura su vida agitada y su sed de placeres, y que ella, con expresión pensativa y triste le había contestado: "No ceso de pensar en lo extraño de mi situación, en el abandono en que me deja el rey. Tengo miedo de aburrirme y miedo de mí misma. Para escapar a esta obsesión necesito moverme, aturdirme..."

Vermond, que no se guiaba por las apariencias, se dedicó a darle largos sermones y juiciosos consejos que acabaron por fastidiar a la reina. No aprobaba su amistad con la señora de Polignac y así se lo planteó sin rodeos: "Se ha hecho muy indulgente con las costumbres y la reputación de sus amigos y amigas. A vuestra edad, esta indulgencia, tratándose sobre todo de mujeres, produce mala impresión. Pero en fin, está bien que no tome en cuenta ni las costumbres ni la reputación de una mujer a quien la ha hecho su amiga únicamente por ser amable; pero... que las malas costumbres, las reputaciones manchadas sean un título para ser admitido en su círculo social, he aquí lo que le causa infinito perjuicio..."

Como la reina siguió sin hacer caso a cuanta reconvención le hiciera el fiel abate, éste resolvió retirarse y así se lo hizo saber a la emperatriz que enseguida le envió un mensaje, rogándole que permaneciese en su puesto: "Mi hija está rodeada de bajos aduladores que la empujan teniendo en cuenta sus propios intereses. Ella camina a largos pasos hacia su perdición. En tales circunstancias necesita vuestra ayuda" —explicaba la emperatriz a Vermond.

Incitado por los grupos hostiles a María Antonieta, el pueblo se mostraba mucho menos indulgente con ella que el propio Luis XVI. Escritores y copleros denunciaban cada día las 'culpas' de la reina. Se le reprochaba el cargo de escudero cabalgador que acababa de crear, sus trescientos caballos —la difunta reina contaba con sólo ciento cincuenta—, las pensiones fijadas a los ociosos, sus gastos en el Trianon, sus pérdidas en el juego, sus deudas, sus plumas, sus pompones. Ya no se le aplaudía cuando su carroza atravesaba las calles parisinas.

Vermond, el abate, presagiaba, con tristeza, el curso que habían de seguir todos estos acontecimientos. Mercy vigilaba a los amigos y a los enemigos de la reina. Sabía que el gran capellán iba a morir y temía la hipocresía de su eventual sucesor, el príncipe de Rohan, el prelado de voz suave que en el umbral de la catedral de Estrasburgo había conmovido tanto a la archiduquesa cuando llegó a Francia. Hubiera sido preferible haber enviado a la du Barry o a d'Aiguillon a Viena como embajadoras en lugar de a este cardenal, cuya pretenciosa incapacidad e inmoralidad tanto habían desagradado a la emperatriz. El ridículo en que acababa de poner a María Teresa a propósito de la división de Polonia, hería a María Antonieta en lo que más veneraba en el mundo.

Sin embargo, un peligro más inminente llamó la atención de Mercy. Se trataba de un complot que acababan de urdir contra la reina. Quienes buscaban hundirla quisieron seducir al rey y pretendían arrojar sus sentidos mal despiertos en los brazos de una actriz, de una comediante conocida como 'La Conta'. ¿Cómo acercar a los esposos que no se veían más que en muy raras ocasiones? ¿Cómo acabar con las locuras de la reina? Las advertencias de Mercy, las censuras de Vermond y las cartas de María Teresa no habían causado ningún efecto. Sólo la presencia del emperador en Versalles sería capaz de realizar semejante milagro.

José II en Versalles

Siete años tardó Luis XVI en enterarse de que una de sus obligaciones era la de rodearse de hijos, por lo menos de un Delfín. Tenía un pequeño defecto físico, fácilmente subsanable, pero tuvo que venir de Viena el emperador de Austria para convencerle de que debía ponerse en manos de un cirujano.

María Antonieta esperaba a su hermano con impaciencia desde el comienzo de la mañana. José se encontraba en París desde la víspera con los condes de Colloredo y Cobenz. Viajaba bajo el nombre del conde de Falkenstein y estaba hospedado en casa de Mercy, en el pequeño Luxemburgo. ¿Escaparía la reina de Francia a sus críticas y sarcasmos? Esto era poco probable dadas las cartas sentenciosas, secas y duras que le había escrito él después de su matrimonio. Sin embargo, albergaba la esperanza de que esta vez fuese encantador como cuando le escribió unas líneas afectuosas años antes, en el momento en que la Infanta acababa de tener un hijo. "Deseo con todo mi corazón que sigas pronto el ejemplo de la Infanta haciendo un muchachito tan malo como tú..." —le escribió.

José de Austria tenía treinta y seis años y ya se encorvaba. Vestía un traje color pulga, sus pequeños botines y su rizado en un solo bucle le daban el aspecto vulgar y descuidado que tanto afligió a su hermana. María Antonieta no era ya la graciosa niña que el emperador había abrazado por última vez en el convento de Melk el 22 de abril de 1770. Ahora, al verla de nuevo, no podía dejar de admirarla y decirle piropos tales como que "no dudaría en volverse a casar si le fuera dado encontrar tan linda compañera". La reina sonreía ante tales lisonjas y más tranquila se abandonó a su "instintiva necesidad de confianza". Llevó a su hermano a un salón privado para hablarle sin rodeos de su vida después de haberse casado sin ocultarle nada respecto a su intimidad con el rey, de sus diversiones y sobre la 'sociedad' que la rodeaba. Luego llevó a José ante Luis XVI que se mostró muy cordial, presentándole después a los condes de Provenza, de Artois, a las señoras y finalmente a *madame* Elizabeth, la hermana más joven del rey, comentando que desde hacía poco era 'señorita'. *Madame* se ruborizó y José, dirigiéndose a su hermana, le dijo: "Más vale que el rey sea también 'señorito'.

Un poco más tarde el emperador comía con los reyes en el *boudoir* de María Antonieta. Habían colocado la mesa delante del cheslón y servían las camareras de la reina. Para evitar dificultades de etiqueta, los tres comensales se sentaron en sillas iguales. La corte guardaba luto aún por la muerte del rey de Portugal. El emperador llevaba traje negro; el rey vestía de color violeta y la reina lucía un desabillé de medio luto.

Dos días después, el emperador comió solo con su hermana y cenó en casa de *Madame* con la familia real. Dicen las crónicas de la época que al levantarse de la mesa, el rey y sus dos hermanos comenzaron a jugar como niños, corriendo por la habitación y saltando sobre los sofás. La reina y las princesas se sentían contrariadas y muy incómodas, pues temían que José encontrara aquellas familiaridades indignas de la majestad real. Sin embargo, el emperador se entretenía viéndolos y no dejaba traslucir su sorpresa. Al día siguiente, María Antonieta le condujo al Trianon sin más séquito que la condesa de Mailly, su dama de compañía y la duquesa de Duras, dama de palacio. Después de comer, la reina y el emperador salieron solos a pasear por las nuevas avenidas del jardín inglés. En el transcurso de la conversación que mantuvieron los dos hermanos, José le mostró los "escollos que tenía a su alrededor". ¿Por qué se dejaba arrastrar sin oponer resistencia? ¿No comprendía acaso, que un día iba a estrellarse con ellos? La reina no trató de disminuir sus errores pero le contestó que "ya llegaría el tiempo en que seguiría sus consejos".

Durante el tiempo que el emperador permaneció en

Francia visitó diversos sitios en París y asistió a varios espectáculos. Conoció el Guarda Muebles, los Gobelinos, la Jabonería, la Imprenta Real, el Colegio de Sordo-Mudos del abate de l' Epée, el Jardín Botánico con el señor Bufon, y el Hospicio. Se le vio en la Academia de las Ciencias, en la de Inscripciones y en la Comedia Francesa. Asistió en Versalles a la representación de *Castor y Pollux* , corrió ciervos con Luis XVI y por complacer a su hermana, la acompañó a casa de la señora de Guémené. El mal tono de la concurrencia y la manera tan libre de expresarse disgustaron al emperador. En su presencia, algunos se atrevieron a reclamar a la señora Guémené su modo de jugar. José comentó que "esa casa era un verdadero garito" y exhortó a la reina a que renunciara al juego y se acercara al rey. Entrada ya la noche se presentó Luis XVI y por primera vez María Antonieta lo dejó solo con el emperador. Con su peculiar sencillez, el rey le confió a su cuñado su deseo de tener hijos y le confesó, con todo detalle, cuáles eran los obstáculos que se lo impedían. José lo escuchó con mucha atención y cuando terminó de hablar lo tranquilizó y animó a que se operase.

Hasta entonces, el emperador se había comportado cordial y complaciente con su hermana, pero muy pronto recobraría "su tono habitual brusco, áspero y autoritario". Un día de mayo reprochó al rey que no conociera su reino y le aconsejó que viajara, que visitara Brest, agregando enseguida que la reina no debía acompañarle porque, según él, "no era buena para nada". Luego estalló en reproches por la excesiva ligereza con que ella se conducía con su marido y sobre su falta de respeto y sumisión. María Antonieta estaba indignada por la forma en que su hermano le hablaba y criticaba delante de todos, y en una ocasión, a propósito de una bagatela, él le dijo que "si fuera su marido, no se plegaría a sus caprichos y que sabría imponer, también los suyos". La reina, enojada, se quejó con Mercy: "No me gusta que mi hermano se entremeta en mi vida y me dicte cómo conducirme; Seguiré sus consejos después de que parta el emperador. No quiero que parezca que me conducen" —concluyó.

Numerosos compromisos retenían a José en territorio francés. Se mostró en Bellevue, Marly, Louveciennes, Sceaux, Chantilly... Las hermanas del rey solicitaron su presencia. En Louveciennnes hizo una visita a la du Barry, favorita de Luis XV, y antigua enemiga de María Antonieta. Cuando ésta se enteró se sintió muy afectada, es más, trató al duque de Choiseul con indiferente cortesía. Si la princesa de Lamballe y la condesa Jules no habían seducido al emperador, la reina no juzgó de manera más favorable a los hermanos del rey, sobre todo a Monseñor. En una carta dirigida a su hermano el archiduque Leopoldo, se refirió a su cuñado de esta manera:

> *"Monseñor es un ser indefinible. Mucho más que el rey, su frialdad es mortal, su mujer, fea, grosera, no parece piamontesa y no hace más que intrigar... El conde de Artois es un amito en todos sus aspectos. Su mujer que no sabe más que hacer niños, es absolutamente imbécil".*

Por su parte, el conde de Provenza en una carta al rey de Suecia, trazaba un retrato bastante caricaturizado de José II de Austria:

> *"Es un adulador y muy dado a hacer promesas y juramentos de amistad. Estas promesas y su aire abierto ocultan el deseo de arrancarle a uno la lengua y de disimular sus sentimientos; con todo, es torpe, porque con un poco de incienso, al cual es sumamente sensible, lejos de ser uno estudiado por él, puede estudiársele muy fácilmente... Es educado en su trato con la gente que cree un deber lisonjear, pero prepotente y altanero, y, en ocasiones, brutal tratándose de gente que está por debajo".*

El emperador de Austria se sorprendió al descubrir que el rey era un hombre cordial y franco, de juicios sólidos y firmes. María Antonieta lo dejó aún más sorprendido. Habían bastado algunos años para transformarla en una mujer bella y colmada de gracia. El encanto que emanaba de la reina y al cual él mismo no era insensible, hacía parecer más meritoria la pureza en que se había mantenido a despecho de las circunstancias y del medio en que vivía. Lo mismo que su cuerpo, su inteligencia había madurado. ¡Qué vivacidad de espíritu y qué perspicacia! José estaba maravillado. En sus cartas a Leopoldo no olvidaba su 'instinto malicioso' y sus suspicacias. En una de ellas se expresaba así:

> *"El rey es débil. No carece de saber ni de juicio, pero es apático tanto de cuerpo como de espíritu. El "hágase la luz" no le ha llegado aún; la materia aún está en un globo...*
>
> *La reina es una bellísima y cariñosísima mujer que no piensa más que en divertirse. No experimenta sentimiento alguno hacia el rey... Su virtud está intacta y es, incluso, austera, más por carácter que por razonamiento... Una mujer amable, honrada y virtuosa en una situación verdaderamente respetable. Junto a esto, posee un ingenio y una perspicacia que con frecuencia me han causado asombro. Su primer impulso es siempre el verdadero".*

José II abandonó Versalles el 30 de mayo por la noche. Le había dejado a su hermana un montón de instrucciones por escrito; una especie de "guía moral", un largo sermón que concluía de esta forma:

> *"Es aún tiempo de reflexionar... La edad avanza, ya no tienes la disculpa de la infancia. ¿Qué ocurrirá si tardas más tiempo aún? Una mujer desgraciada, y una princesa todavía más..."*

Poco tiempo después María Antonieta declaraba en una carta a su madre, la emperatriz, que esos buenos consejos "los llevaba grabados en su corazón". Y ciertamente iba con menos frecuencia al teatro, acompañaba al rey en sus cacerías, se mostraba más afable con las personas mayores y de rango, ya no jugaba fuera de sus aposentos y se encerraba en ellos una o dos horas para entregarse a la lectura.

Monseñor y el conde de Artois visitaban por entonces el Este y el Sur de Francia levantando gran algarabía a su paso por las provincias y escandalizando a la gente por los tremendos gastos que hacían. Cuando el conde de Artois estuvo de regreso en Versalles volvió a ser el inseparable compañero de diversiones de la reina y su 'genio malo': la condesa Jules recobró su crédito; se reinstalaron las carreras de caballos y volvieron las partidas y apuestas. Sin embargo, la reina declaraba que se aburría.

Un acontecimiento demasiado largo tiempo esperado iba a cambiar la vida de la joven reina. Luis XVI siguió los consejos de su cuñado y tres meses después de haberse marchado el emperador, María Antonieta escribía a su madre:

> *"Tengo la felicidad más esencial... Hace más de ocho días que mi matrimonio ha quedado perfectamente consumado. La prueba ha sido reiterada y ayer más satisfactoriamente que la vez primera..."*

Luis XVI, por su parte, daba las gracias a su cuñado José:

> *"Tengo la seguridad de haber hecho todo lo que es necesario hacer y espero que el próximo año no pasará sin que os demos un sobrino o una sobrina... Es a vos a quien debemos nuestra felicidad..."*

Narran sus contemporáneos que a los primeros síntomas de embarazo, María Antonieta se presentó ante el rey.

–Sire –le dijo–, *vengo a pediros justicia contra uno de vuestros súbditos. Me ha insultado gravemente...*

El rey quedó atónito. La reina continuó:

–*Me ha dado patadas...*
–*¿Cómo? ¡Patadas!* –exclamó Luis XVI.
–*¡Sí,* Sire, *en el vientre!* –agregó muy seria.
Luis XVI lanzó una gran carcajada y estrechó entre sus brazos a su mujer.

A partir de entonces María Antonieta se encerró en sí misma y se dedicó a hacer 'labores de punto'. Sólo salía de sus habitaciones para caminar por las terrazas de Versalles o por los jardines de Marly.

Cuando el embarazo fue anunciado oficialmente provocó un movimiento de opinión favorable a la reina. Pero la ambición del emperador vino a comprometerlo todo. A la muerte del Elector, José se apresuró para ocupar la Baja Baviera. Federico II invadió de inmediato la Bohemia, y María Teresa suplicó a su hija que inclinara a Luis XVI a favor del Imperio. Presionada por su madre, por José, por Mercy y Kaunitz, María Antonieta intervino personalmente. Luis XVI le negó la ayuda que pedía, diciéndole: "La ambición de tus parientes todo lo ha trastornado. Han comenzado por Polonia; ahora, Baviera es la segunda opción. Me desagrada recordártelo."

María Antonieta se rindió ante las razones que le expuso el rey, pero al día siguiente Mercy la adoctrinó nuevamente para que volviera insistir, replicado que de su intervención dependía la suerte de la Alianza, y tal vez hasta la del mismo Imperio: José había sufrido derrotas en Bohemia. La joven reina, asustada, mandó llamar a Maurepas y a Vergennes, y ante ellos y ante el rey repitió la lección que le había dado el embajador; maltrató a los ministros y después los conmovió hablando "en nombre del hijo que llevaba en su seno". Ellos se defendieron y el rey no cedió esta vez; sin embargo, la opinión pública se mostraba alarmada. La cábala acusó a la reina de querer sacrificar Francia al extranjero y de tratar de enfrentarla con Prusia. Esta calumnia se infló y desde Versalles descendió a los barrios de París. Desde ese momento la reina de Francia ya no fue más que "la austriaca".

Hechos reconstructivos

El 6 de febrero de 1778 Vergennes firmaba un tratado de alianza y comercio con los americanos, con los "insurgentes", a quienes desde hacia mucho tiempo se les protegía en secreto. Esto era tanto como declarar la guerra a Inglaterra.

La mayor parte de los cortesanos que pertenecían al grupo de María Antonieta se incorporaron al ejército de Normandía. Su situación militar los retuvo durante dos meses lejos de la corte. Cuando el duque de Chartres regresó, despertaron todas las pasiones y comenzaron de nuevo las intrigas, conjeturas y sospechas. El príncipe de Chartres había tomado parte en el combate de Quessant y se le acusaba de haber abandonado el combate en momentos decisivos con todo y los barcos que mandaba. Se le castigó degradándolo a marino de agua dulce, coronel de húsares. Este cargo fue creado exclusivamente para él por instrucciones de la reina, pero a él no le satisfizo ya que aspiraba a ser nombrado Gran Almirante. Así, pues, el príncipe le atribuyó su fracaso a María Antonieta y jamás se lo perdonó.

El 20 diciembre, a las ocho y media de la mañana, la reina daba a luz una niña que llamaron *Madame Royale* y bautizaron con el nombre fue María Teresa Carlota. Durante una semana permaneció cerrada la habitación de la reina, salvo para la familia real, las damas de honor y las doncellas privadas, el Superintendente, la condesa Jules, los médicos y el abate Vermond. Luis XVI estaba tan feliz y emocionado que permanecía todo el tiempo al lado de su mujer y de su hija. Su humor se había hecho más jovial más fluido en su tono y su paso más firme. Del tímido adolescente que fue durante tanto tiempo no quedaba ya más que un poco de torpeza en las efusiones y cierta cohibición.

En María Antonieta las metamorfosis habían sido menos aparentes. Según Vermond ella no sentía ningún amor por Luis XVI, pero sus atenciones, sus demostraciones de ternura no le eran indiferentes. Sin embargo, esta maternidad, demasiado tardía no modificaría sino a la larga sus costumbres y sus gustos. Al comenzar la primavera de 1779, la reina enfermó de sarampión. *Madame* y el conde de Artois permanecieron junto a ella. Cuando la reina pudo escribir le envió el siguiente mensaje a la emperatriz: "Voy a ir a restablecerme al Trianon para cambiar de aires durante las tres semanas en que no podré ver al rey. Me he negado a que esté conmigo; nunca ha tenido sarampión... Nos escribimos todos los días..."

Si bien el sarampión es una enfermedad contagiosa, típica de la infancia, no resulta infamante que se la padezca poco después de los veinte años, como le ocurrió a María Antonieta. Los médicos habían prohibido a Luis XVI entrar en la recámara de la enferma para que no se contagiara; la prohibición era severa porque la salud del rey también era sagrada. Pero la recomendación no alcanzaba a otros, y cuando la reina, aburrida de su soledad, pidió compañía, cuatro jóvenes cortesanos se ofrecieron a distraerla permaneciendo junto a ella. Con gran disgusto de Mercy y de Vermond, Coigny, Guines, Esterhazy y Bensenval irrumpieron en la alcoba de la reina con la pretensión de quedarse allí, día y noche. En tan singular ocasión, hubiera sido más prudente no provocar a los maldicientes; pero, entre las dotes de María Antonieta, no figuraba la prudencia. No sólo provocaba, complacida, la irritación de los murmuradores, sino que le gustaba ser considerada como una valiente soberana que rompía con las tradiciones. No menos insensato fue Luis XVI que tomó a broma aquella novedad. Los cuatro jóvenes frecuentaron durante varios días las habitaciones de la reina, bromeando para divertirla, mientras ella convalecía de su enfermedad. Era una especie de desafío a la opinión pública y desató las malas lenguas que empezaron a murmuran sobre lo que sucedía tras aquella puerta que el marido no podía trasponer.

Pocos meses después, completamente restablecida, María Antonieta se hospedó en el palacio de Versalles con la señora de Polignac. Una parte de sus departamentos, situados en el primer piso, se abría sobre el patio real. Para llegar a las habitaciones que ocupaba la reina era suficiente atravesar la Sala de los Cien Suizos y la Sala de los Guardias. Allí pasaba María Antonieta sus veladas. Luis XVI asistía a ellas con mucha frecuencia, y a la princesa Guémené, cuyo favor declinaba, la invadió la cólera y la envida. El grupo juvenil que llenaba los salones de la condesa Julia soportaba de mala gana la presencia del rey. Para librarse de él, recurrieron a un astuto plan: el rey acostumbraba a retirarse a las diez en punto de la noche, entonces, de manera furtiva, adelantaron las manecillas del reloj. Cuando Luis XVI se retiraba, la alegría recobraba todos sus derechos.

María Antonieta se negó a asistir a las alegres reuniones que organizaba el conde de Artois. No admitió en adelante las pequeñas familiaridades que hasta entonces le había permitido. Su voluntad y su carácter estaban madurando. Ella sabía que tenía deberes y comprendía que tenía que dar un Delfín al reino. "Si antiguamente he cometido errores —escribía a la emperatriz— se debían a mi infantilismo y ligereza, pero ahora mi cabeza se halla muy asentada".

No montaba a caballo, contentándose con dar algunos paseos en coche o a pie. En las noches de verano se sentaba en la terraza del mediodía, sobre su departamento, acompañada de las princesas, sus cuñadas y algún cortesano. El rey, a quien desagradaba cambiar la hora de acostarse, dormía ya cuando la música de los guardias franceses daba comienzo. Los habitantes de Versalles asistían en masa a estos conciertos. Las bujías encendidas en la planta baja, en los departamentos de Monsieur, y las linternas colocadas en el jardín iluminaban una esquina del ala sur y los jardines, dejando en la sombra el resto del palacio y el gran parque. Por sus trajes de percal blanco, sus grandes sombreros de paja y sus velos de muselina se reconocían a la reina, a Madame y a la condesa de Artois. La cábala tomó como pretexto estas tertulias para fabricar cuentos escandalosos y hasta se habló de orgías, infundiendo sospechas en el rey a quien incluso, se le quiso inducir a una aventura galante con la marquesa de Chalons, prima de la señora de Polignac.

Las calumnias que se desprendieron de los conciertos hicieron que éstos se cancelaran. Entonces, se ideó un nuevo juego. El grupo jugaba al rey "como las niñas juegan a la casita". Elegían un soberano y lo sentaban en un trono de helechos. Esta majestad tenía su corte, impartía justicia, casaba a sus súbditos y les imponía penitencias o los absolvía. Dicen las crónicas que este juego le gustaba menos a la reina que al rey, y que, sin embargo, a ella fue a quien atacaron los libelistas.

Por otro lado, la condesa Jules seguía gozando del apoyo incondicional de la reina y supo aprovecharse muy bien de la situación. Tanto en grandes cargos como en pensiones y beneficios, la condesa había procurado a los Polignac y a los Vaudreuil una suma de quinientas mil libras de renta. Pero esto no le bastaba pues codiciaba el condado de Bitche y le hacía falta tenerlo. A fuerza de coaccionar a María Antonieta logró obtener cuatrocientas mil libras para pagar sus deudas, la promesa de una tierra que producía treinta y cinco mil libras de renta, y ochocientas mil en plata como dote de su hija. Su marido fue nombrado duque hereditario y la señora de Polignac tuvo, desde aquel momento, derecho a un asiento en la corte. El pueblo murmuraba acremente y María Antonieta, afligida, se quejaba con Mercy de la avidez de su favorita: "La señora de Polignac ha cambiado por completo. No la reconozco" —exclamaba.

María Antonieta volvió a tocar el arpa, a tomar lecciones de música y daba pequeños conciertos en sus habitaciones o mantenía largas conversaciones con el abate Vermond, dejándole para ir a abrazar a su hija. Pero la joven reina seguía sin poder vencer el aburrimiento que padecía. Los cortos paseos en calesa no le eran suficientes para acabar con la inactividad. Las recepciones oficiales le impacientaban, así como someterse al ceremonioso protocolo de la corte y la aplastante majestad de Versalles. No obstante, María Antonieta volvió a los trajes adornados, a las plumas, al colorete, a las telas bordadas y a los laminados de oro. Pero, finalmente, se entregó a una ocupación que muy pronto absorbió lo mejor de su tiempo y de sus pensamientos. Se propuso transformar su pequeño reino: el Trianon; y a él dedicó lo mejor de su tiempo y de sus cuidados.

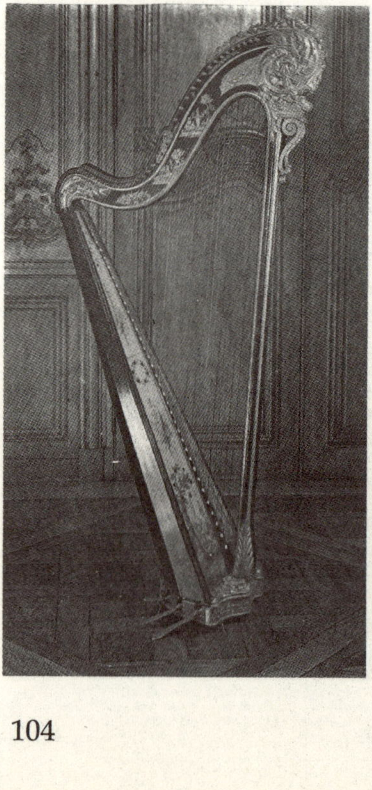

María Antonieta tocaba el arpa, tomaba lecciones de música y daba pequeños conciertos en sus habitaciones del Palacio de Versalles.

Sala Ovalada de la Ópera Real. Fue construida por el arquitecto Gabriel en 1770, en las bodas de María Antonieta con Luis XVI.

Diariamente se trasladaba al *petit Trianon* para vigilar los trabajos emprendidos desde hacía ya varios años. María Antonieta decidió seguir los consejos del príncipe de Ligne: "Es necesario volver a la naturaleza —le había dicho— ¡Nada de jardines recortados! El Trianon debe ser una Arcadia". Los planos presentados a la reina por el conde de Caraman y el arquitecto Gabriel fueron reformados y simplificados por ella. Cuando el gran invernadero de Luis XV tuvo que hacer lugar a cerros, peñascos y arroyos, el príncipe de Ligne, admirado, no pudo reprimir esta exclamación: ¡Se diría que nos encontramos a cien leguas de París!

Habían terminado ya la construcción del teatro. El Templo del Amor y el Belvedere cincelados como verdaderas joyas, blanqueaban entre el verde tierno de los jardines. María Antonieta experimentaba un placer infantil subiendo al Limaçon para seguir con la mirada a los cisnes que se deslizaban majestuosamente sobre el arroyo bordeado de sauces y el agua reverberante del lago.

Al llegar la primavera, eran más frecuentes los periodos de estancia en el Trianon. La reina olvidaba los lujos reales y se paseaba con una varita en la mano, vestida de lino blanco, con una pañoleta de gasa y sombrero de paja como si fuese una augusta pastorcita de Watteau. Ofrecía al rey fiestas en las que se admitía sólo a lo más íntimos de la corte. Los invitados llegaban a las dos para comer y se marchaban antes de la medianoche. La reina conservaba junto a ella únicamente a la más joven de sus cuñadas, Madame Elizabeth, cuyo carácter honesto y orgulloso le convenía.

El rey se complacía en aquella 'pequeña Viena'. Se le veía llegar por la mañana, sin escolta y frecuentemente a pie. En la sobremesa, las princesas de la familia real, las personas más distinguidas de su séquito, las damas de palacio y algunos privilegiados se trasladaban al *Petit Trianon*, donde pasaban el resto del día. Se jugaba a las sortijas sobre el pasto o al billar en el saloncito de María Antonieta. Terminada la cena, la reina jugaba una partida de lotería con el rey hasta el momento en que se retiraban, es decir, hacia las once horas.

El pasatiempo favorito de la reina era el teatro. Una avenida conducía del palacete del Trianon a la elegante sala de espectáculos que Minque acababa de terminar. En el centro de la sala, por encima del artesonado azul y oro, dos figuras sostenían un medallón donde se enlazaban las iniciales de María Antonieta. Los oros de las molduras, el de las figuras, ornamentos en relieve, cordones y franjas, hacían juego con el papel azul de los fondos, la seda azul de los declives, el terciopelo del mismo color de los palcos y butacas, riendo en este azur con el sol en un cielo de abril. Desde hacía tiempo, la reina se había propuesto reiterar este entretenimiento que tanto le gustaba y que practicara a escondidas en sus gabinetes de Delfina con su cuñado y sus cuñadas."Su teatro iba a permitirle representar nuevamente comedias". Pidió a la señora de Polignac, a la condesa de Chalóns, Guichette, al conde de Artois, al duque de Guiche, al señor de Polignac, al conde de Adhémar y al de Esterhazy que actuaran con ella. El conde de Vaudreuil era el director general y el señor de Campan dirigía la escena. Los espectadores eran pocos: el rey, los príncipes y princesas sin séquito. En el patio del teatro se admitía al personal de servicio: vasallos, camareras, ayudas de cámara y ujieres. Estas representaciones terminaban a las nueve de la noche e iban seguidas de una cena a la que asistían la familia real y los actores. Tras abandonar la mesa se retiraban y no había velada.

Durante un mes la reina dejó todas sus ocupaciones para preparar las dos funciones que quería ofrecerle al rey. Primero representarían *Rosa y Colás* de Sedaine; luego el *Adivino del pueblo* de Juan Jacobo Rousseau. La fecha de la representación fue fijada para el 27 de septiembre de 1780 y se contaba con Luis XVI, Monseñor, la condesa de Artois y madame Elizabeth, entre los espectadores. María Antonieta quiso que Mercy asistiera y lo instaló en un palco enrejado. La duquesa de Polignac, Guichette, el conde de Artois, el duque de Guiche y el de Adhémar escenificaron la primera obra. En la segunda, la reina hizo el papel de Colette, Vaudreuil el del adivino y Adhémar el de Colin. El rey no cesó de aplaudir, especialmente cuando María Antonieta cantaba y al finalizar la función subió a su palco para felicitarla. Mercy también la felicitó pero creyó oportuno añadir estos consejos:

> *"Una gran corte debe acoger a todos porque los celos exaltan la cabeza, y dan lugar a descontento, odio y alejamiento. Este año en el día del santo del rey no se encontraban en Versalles ni la mitad de la gente que solía verse en ocasiones anteriores".*

Días antes de esta función de gala, María Antonieta había enviado a su madre un retrato de *Madame Royale* (su pequeña hija) acompañado de estas palabras:

"Esta pobre pequeña comienza a moverse muy bien en su cesto. Desde hace algunos días dice papá; los dientes no le han aparecido aún, pero se le sienten todos".

Al día siguiente de esta carta, la niña tuvo convulsiones. La reina, alarmada, se quedó a su lado y Lassone, su médico, la tranquilizó. Ella quería suspender el espectáculo pero el rey declaró que nada cambiaría.

A partir de aquel día, María Antonieta no cesó de enviar a la emperatriz noticias sobre su hija, comunicándole todo cuanto le sucedía: "Varias personas estaban presentes en su habitación —le contaba una vez—; yo le hice preguntar por alguien que dónde estaba su madre. La pobre pequeña, sin que nadie le dijera nada, me sonrió tendiéndome sus bracitos. Es la primera vez que ha demostrado conocerme de una manera clara. Confieso que me ha proporcionado una inmensa alegría..."

Pero la emperatriz murió al poco tiempo, el día 29 de noviembre de 1780. Como cabe suponer la reina experimentó un inmenso dolor. Expectoró sangre y durante varios días permaneció como anonadada. Cuando pudo hacerlo, escribió al emperador:

"Te escribo deshecha en lágrimas. ¡Oh hermano mío! ¡Oh, amigo mío, ya no me quedas más que tú en un país que me es y me será siempre muy querido...!"

Tiempo de maternidad

En 1781 nació el tan esperado Delfín. La alegría era general, la gente reunida en la Sala de los Guardias se abrazaba llorando. Cuando la señora de Guémané avanzó llevando en sus brazos al recién nacido, comenzaron las aclamaciones y los aplausos. Dicen los testimonios que María Antonieta creía que se trataba de una niña, pero que Luis XVI la sacó de su error: "El señor Delfín pide entrar" —le dijo, emocionado. Se le llevó al niño a quien acababan de lavar y vestir. La reina le besó y devolviéndolo a la princesa, exclamó: "Tomadlo; es del Estado, pero también yo recobro a mi hija".

La señora Pointrine, la nodriza, era una robusta aldeana que juraba como un soldado, soltaba picardías y verdades, capaces de poner de buen humor al más melancólico. Dicen que mientras se llevaba al real niño, tarareaba la canción de Marlborough aprendida en su pueblo:

"La señora, a su vez, sube,
no sé cuándo bajara...

La princesa de Guémené no tuvo tiempo de dar comenzar la educación del Delfín. Un año después de haber nacido el hijo del rey, en octubre de 1782, la escandalosa quiebra del príncipe de Guémené, ocasionó la retirada de su mujer. La bancarrota arruinó a miles de personas, grandes señores y proveedores, a quienes el príncipe pagaba con rentas vitalicias, artesanos que le habían entregado todos sus ahorros. ¿Quién ocuparía el puesto de la señora de Guémené? Beseval propuso a la señora de Polignac pero la reina se opuso y después de mucho insistirle, finalmente la convenció. Ninguna elección pudo haber sido más funesta pues las 'ilustres casas' a quienes les estaban reservados estos empleos, protestaron pidiendo al Estado nuevos subsidios para sostener su rango, y la nueva institutriz lo único que hizo fue agravar, entre resentimientos y amenazas, la creciente impopularidad de la reina.

Al morir el primer ministro Maurepas, en noviembre de 1781, el pueblo, persuadido de que María Antonieta pretendía gobernar al rey y al reino, manifestó ya su descontento. El nombramiento de Calonne, uno de los asiduos visitantes al salón de la Polignac, vino a robustecer esta creencia. La reina no quería a este hombre pero la cólera de Vaudreil, el apoyo de la condesa Julia sostenida por Besenval, las alabanzas del conde de Artois, y la intervención de Vergenners, influenciado por el banquero de la corte, Herbelary, cuya mujer, según decían, era muy complaciente con Calonne, obligaron a la reina a ceder.

Los comienzos del nuevo ministerio dejaron maravillados a los más escépticos. Las arcas reales se abrían dejando ver por todas partes plata y oro. La reina se cegó creyendo en la prosperidad de las finanzas y gastaba sin límite alguno. Pero el pueblo no se engañaba y reaparecieron en panfletos y canciones los cuantiosos despilfarros de María Antonieta. Los libelistas no guardaron recato alguno para deshonrar a la reina: el asunto de Holanda, la compra de Saint-Cloud, el natalicio del duque de Normandía; y sobre todo, el asunto del collar. Esto dicen los historiadores sobre éste último:

El 8 de junio de 1782, María Antonieta ofreció un baile en la Gran Galería de Versalles para agasajar al Gran duque y a la Gran duquesa de Rusia que viajaban bajo el extravagante nombre de conde y condesa del Norte. "Jamás ningún espectáculo había resultado tan impresionante y magnífico con la gran profusión de bujías y girándulas que se montó en los jardines. El raso blanco de los dominós parecía tornasolado y los diamantes y alhajas que llevaban las damas lanzaban destellos que los espejos multiplicándose hasta el infinito". Se cenó en casa de la princesa de Lamballes y después los asistentes jugaron a la lotería y bailaron. El rey se había retirado ya. El respeto no ponía valla alguna al placer y, de buen grado, la reina supo que su presencia no impedía la intimidad.

Amiga de la infancia de la Gran duquesa, la señora de Oberikrch, tras su presentación en la corte en 1784, volvió con frecuencia a Versalles. Tenía relación con la baronesa de Mackau, sub-gobernanta de los Hijos de Francia y con la princesa de Chimay, dama de la reina. La duquesa de Borbón sentía un profundo afecto por la señora de Oberkirch y le hacía interminables confidencias, llorando por su vida sin objeto. El duque de Borbón, a quien ella adoraba, la desdeñaba, la dejaba en abandono. Solía decir ella que iba a morir y en espera de la muerte se prestaba a aventuras. La duquesa pasaba el verano en el castillo de Petibourg llevando la apacible existencia que María Antonieta tanto envidiaba. En cierta ocasión comentó a la reina respecto a su modo de vida: "Soy justamente lo bastante princesa para tener los honores y prerrogativas que me corresponden, pero no para las cargas. Vuestra Majestad en el Trianon, yo en mi Petitbourg. Sólo que nadie se preocupa de mí y todos se ocupan de la reina; he aquí la diferencia".

María Antonieta comparaba su vida con el movimiento de las ardillas cuando son colocadas en una caja giratoria. "Corre, y corren —decía— y creen haber andado mucho en su camino cuando en realidad no se han movido de su sitio". ¿Pensaría que a ella le pasaba lo mismo... por lo menos en Versalles?

Los dominios de la reina

Ésta es una descripción de un día normal en la vida de María Antonieta y de los rituales que se practicaban para servirla y atenderla:

> *Por la mañana, cuando despertaba en su habitación tapizada con Gobelinos, sus miradas debían haberse posado sobre los alto relieves en oro de los techos, sobre los entrepaños representando guirnaldas de flores entrelazadas con palmeras, sobre la dorada balaustrada ante el gran lecho con su dosel, sobre el sillón donde el rey depositaba su espada en las noches, cuando él se quedaba, sobre el tocador "el mueble más hermoso de la habitación"*

o sobre el canapé de medallones y las sillas plegables de las grandes entradas. Hacia las ocho de la mañana entraba la doncella encargada del guardarropa entraba para depositar un cesto que contenía camisas, toallas y pañuelos. Otra doncella presentaba a la reina una especie de catálogo donde se encontraban las muestras de las telas de todos sus trajes fijadas con obleas o sellos. María Antonieta examinaba las distintas secciones de la gran colección de tonos claros: trajes en el gran cesto, trajes en el pequeño cesto, trajes ingleses, trajes turcos, levitas, grandes vestidos de tafetán. *Después, marcaba con un alfiler el vestido de ir a misa el cómodo desabillé para después de comer y para la tarde; el adornado vestido para el juego o el que se pondría para la cena en los departamentos privados.*

A María Antonieta la bañaban en una tina o bañera rodante que arrastraban hasta su habitación. La despojaban de un corsé que se ajustaba con cintas, así como de las mangas de puntilla y de la gran pañoleta con las que se dormía. Tomaba su baño cubierta con una camisa larga de franela y se desayunaba una taza de chocolate o café después del baño. Las doncellas que la bañaban tendían ante ella una sábana destinada a ocultarla de sus camareras. Le llevaban pantuflas de tela adornadas con encajes y le cubrían la espalda con un gran manto de tafetán blanco. La reina volvía a la cama y tomaba un libro o su labor de tapicería. Los días en que no se bañaba, una doncella le lavaba las piernas.

Al acostarse de nuevo para reposar el baño, recibía algunas visitas cortas: su primer cirujano, su médico ordinario, su lector, su secretario de gabinete... Al mediodía colocaban el tocador en el centro de la habitación y aparecía en escena el peinador de la reina. Mientras la peinaban tenían lugar las grandes visitas: el superintendente, la institutriz de los Hijos de Francia, las damas de honor y las damiselas que se sentaban en sillas plegables alrededor del tocador. El polvo de iris, un poco más que rubio, expandido sobre la cabellera, embalsamaba la sala. A su vez, llegaban los hermanos del rey, las princesas de sangre, los capitanes de guardia y los grandes cargos de la corona.

Cuando procedían a vestirla, la camarera entregaba una camisa a la dama de honor, quien entraba, saludaba y se quitaba los guantes. Luego, la duquesa de Orleáns tocaba la puerta, entraba, recibía la camisa y se la entregaba a la condensa de Provenza que llegaba en ese momento. La reina aguardaba con los brazos cruzados sobre el pecho desnudo. Las mañanas de invierno solía tiritar. Hasta que un día terminó por suprimir el vestirse en público, retirándose a sus gabinetes concluido el peinado.

Rodeada de sus damas de honor, damiselas y damas de palacio; del caballero de honor, del primer escudero, de su capellán y de las princesas de la familia real, la reina se dirigía a oír misa. Durante su ausencia, las doncellas del guardarropa corrían las inmensas cortinas que rodeaban el lecho, quitaban las sábanas y las almohadas, y las arrojaban en canastos cubiertos de tafetán verde. Entre cuatro criados de librea retiraban los colchones excesivamente pesados para manos femeninas. Les sucedían cuatro sirvientas que colocaban las sábanas limpias y arreglaban las mantas y las almohadas. En cinco minutos la cama estaba lista.

María Antonieta comía al volver de misa. Era muy sobria y sólo comía carnes blancas y cenaba caldo, un alón de ave y un vaso con agua en el que mojaba algunas galletas. Armado de un gran bastón coronado con flores de lis en oro y de pie tras de la reina, su mayordomo ordenaba servir o retirar el servicio. Después de comer, María Antonieta se despojaba de su cestillo y de los faldones interiores de su vestido. Sin embargo, la etiqueta exigía que sus camareras vistieran de gala.

¡Cuántos inconvenientes! —solía exclamar en ocasiones. Le hubiera gustado huir del tocado y de la corte de las mañanas, de las presentaciones y reverencias, de los martes de embajadores, de los jueves destinados a recibir a viejos mequetrefes y a viejas remilgadas y de los grandes cubiertos de los domingos. Hubiera querido suprimir aquella detestable costumbre de comer en público con el rey y evitarse el fastidio de tener que cenar cada noche donde Monsieur. Por si fuera poco, los embustes y rencillas de sus cuñadas, se veía obligada a engullir una espantosa sopa preparada y sazonada por Madame y hecha con los pajarillos que ella atrapaba en las redes.

María Antonieta no se sentía verdaderamente a gusto mas que cuando se hallaba en sus departamentos o en el *Petit* Trianon. Los pequeños gabinetes creados por María Leczinska, habían sido retocados por Minque y por el arquitecto Hebert Robert. El exquisito gusto de María Antonieta resplandecía en ellos. Pese a que estas minúsculas piezas daban a un patio triste y sin sol, la reina había hecho de ellas un asilo encantador. Aquel lugar apacible, aquel rincón ignorado, silencioso y tranquilo era el único sitio en el gran Versalles "que se le había permitido demoler y reconstruir".

Todo estaba decorado en blanco y oro. La reina entraba a él por una de las dos estrechas puertas disimuladas bajo las tapicerías de su habitación. Una de estas puertas conducía a un pasillo secreto, al 'pasaje del rey'. La otra daba a una pieza de techo bajo, el Gabinete del Meridiano donde un sofá invitaba a la reina a la siesta tras la comida del mediodía. Dos marcos cincelados en cobre encuadraban los cristales translúcidos de las puertas y en los que figuraban un rosal florido con guirnaldas de lazos de amor, antorchas y corazones traspasados por flechas. Largas hileras de libros forrados de cuero con incrustaciones de oro, llenaban las bibliotecas de las dos salas vecinas. Junto a las obras clásicas se encontraban todas las novedades literarias encuadernadas con las mismas armas de María Antonieta. Para estas compras daba ella carta blanca a su secretario de gabinete, el señor Campan. La reina leía poco y el señor Campan compraba libros para su propio placer, *ad usus... secreti*. De ahí las novelas licenciosas cuyo contacto turbaba las obras de ilustres y graves sabios: Plutarco, Bufón, Hume e incluso las de un joven físico, oscuro aún, llamado Marat. El pequeño cuarto de baño enlosado con cuadros blancos y negros, y el gabinetito que le seguía eran usados muy raramente. María Antonieta prefería bañarse en su habitación.

La pieza principal de este departamento y su verdadero refugio era el salón. Frente al cristal que separaba las ventanas se encontraba el canapé colocado en un nicho de cristal cimbrado y adornado de sedas. Sobre el maderamen se podían ver esfinges con alas, adosadas a trípodes humeantes coronados de rosas, haciendo misteriosas confidencias a los 'amorcillos' de ojos vendados. Había un gran sillón cerca de la chimenea de mármol rojo, sobre la que se alzaba entre dos jarrones japoneses, un león que sostenía en la espalda un cuadrante. Sobre una consola se agrupaban los retratos de todos los miembros de la familia imperial y en una mesa redonda, no lejos de esta consola, María Antonieta había reunido el retrato del rey, los de sus hijos y las miniaturas de la señora de Lamballe y de Polignac. En el centro de la mesa lucía un gran jarrón chino.

María Antonieta jamás permanecía ociosa. Se entretenía con las encargadas de su lencería en diseñar los detalles de su ropa interior. También se dedicaba a las labores de aguja y las abandonaba sólo en el momento de salir para volverlas tomar después del paseo. Al trabajar en su tapicería tomaba las lanas de cestos o sacos de tafetán que le colocaban a su lado sobre sillas bajas; y a su alcance de su mano tenía cuanto necesitaba para bordar o coser, así como el escritorio desde donde dirigía mensajes y misivas a sus más íntimos. En esa misma habitación, detrás del sillón permanecía el clavecín que había pertenecido a Mozart. Tras de los largos hilos de oro del arpa se dejaba ver el clavicordio con el que María Antonieta acompañaba las melodías religiosas de su agrado. Era en este salón donde se hacía pintar por la señora de Lebrun y cantaba con ella dúos de Guétry. También ahí citaba a Rose Bertin, su diseñadora de ropa. Un día la modista le presentó un sombrerito bohemio que, según ella, iba a imponer moda en París. La reina le dijo que "ya no era lo suficientemente joven para eso". En noviembre cumpliría treinta años.

Pero llegaba el buen tiempo para María Antonieta. ¡Iba a poder abdicar por algunos días de la majestad, de la soberanía y escapar de las grandezas! Su aldea estaba terminada: una aldea como las de los cuentos de hadas que Minque y Hebert Robert había construido para ella; donde la *Casa de la Reina* era la más bella entre doce casitas dispersas en torno a un estanque. Desde la galería se divisaban la mayoría de los edificios seudo-rústicos, *el Molino* con su rueda de paletillas que el arroyo hacía dar vueltas, *el Palomar*, *la Lechería*, la *Torre de Marborough* y el barco gris amarrado cerca de ellas. ¡Cuán lejana estaba de las realidades francesas la vida de la joven reina, encerrada en el dorado mundo de Versalles, donde hasta la campiña estaba prefabricada.

Axel de Fersen

El 21 de junio de 1784, María Antonieta recibía en el Trianon al rey de Suecia, Gustavo III, que a la sazón visitaba Francia bajo el nombre del conde de Haga. Ese día se representó *El Durmiente Despertado* de Marmontel y se sirvió la cena en los bosquecillos. Llegada la noche, el jardín inglés quedó bellamente iluminado con una multitud de bujías. Fueron invitados varios oficiales suecos y entre éstos los más brillantes eran los condes de Stedingk y Axel de Fersen a quien una larga permanencia en el país "le había

Pabellón principal de la "Hameau de la reina" (Aldea de la Reina). Es un conjunto de edificios estilo rústico construidos por los arquitectos Hebert Robert y Mique para las expansiones campestres de María Antonieta.

hecho más de la mitad, francés". Ambos pertenecían al círculo de la reina que tenía por ellos una marcada preferencia, al grado que el conde La Marck le advirtió que esto podría perjudicarle ante los franceses. María Antonieta había respondido: "Tiene razón; pero ellos son los únicos que no me piden nada".

La reina ya no se sentía a gusto en casa de la señora de Polignac mas que para abrazar al Delfín. No veía a la señora de Lamballe mas que durante las ceremonias y fiestas oficiales, y estaba íntimamente relacionada con la duquesa de Fitz-James, la duquesa de Maillé y la marquesa de Tourzel. El salón de la señora de Ossun, su principal dama de honor, había remplazado al de la institutriz. Modesta y buena, muy honrada y encantadora, Genoveva de Gramont, condesa de Ossun no pedía a la reina otra cosa que "la felicidad de tenerla en su casa". Le rogaba que se quedara a comer junto con cuatro o cinco personas de trato agradable, sin contrariedades, y organizaba en honor de la soberna conciertos y bailes. Pocos hombres acudían a su salón pero todos escogidos y en su mayoría extranjeros. Además de Mercy, en el nuevo círculo social que frecuentaba la reina se contaba con Esterhazy, Stedingk, Fersen y a veces el nuevo embajador de Suecia, el barón de Sraël.

Los asiduos al salón de la Polignac, todos aquellos a quienes María Antonieta había colmado de favores, los Besenval, los Vaudreuil, los Coigny, no le perdonaban su defección, y se vengaban a su modo. A las calumnias del palacio Real y del palacio de Luxemburgo, añadían ellos sus maliciosas insinuaciones, hablando en términos infames de las danzas escocesas interpretadas por la reina en casa de la de Ossun con el joven lord Strathavon, pero sobre todo, del singular favor que demostraba al 'guapo' Fersen.

Axel de Fersen apareció por primera vez en la corte el 10 de enero de 1771. Tenía dieciocho años y medio y su belleza causó admiración. Durante su permanencia en Francia había frecuentado los bailes de la Delfina y de la Ópera. En el mes de mayo siguiente, Axel salía para Londres. De allí se trasladó a Suecia donde permaneció cuatro años montando a caballo, tocando la flauta en su habitación o mirando cómo caía la lluvia. Al volver a París, el 25 de agosto de 1778, fue presentado nuevamente en Versalles. Dicen que María Antonieta poseía una memoria asombrosa para las fisonomías, y que al ver a Fersen exclamó: ¡Ah! ¡Es un antiguo conocido!

Fersen había conocido a María Antonieta, Delfina y la encontraba reina y a punto de ser madre. Cuatro meses más tarde, la soberana daba a luz su primer hijo, y apenas recuperada, se reorganizaron las fiestas y placeres con mayor magnificencia que nunca. Fue en esta época cuando entabló la única relación sentimental de que la historia tuvo noticia cierta; fue púdica y reservada, y seguramente no llegó a adulterio. María Antonieta aceptó con discreción, ofreciendo a cambio una tierna amistad, el amor del joven sueco. Axel era un joven gallardo, reflexivo, discretísimo; la cortejó con mesura, sin decir ni hacer, por enamorado que estuviese, nada que pudiera ofenderla.

Este episodio de los amores de María Antonieta con el conde de Fersen ha sido estudiado por historiadores y biógrafos, y parece que la mayoría coincide en esta versión de los hechos:

> *María Antonieta y Fersen se enamoraron el mismo día que se conocieron, en el baile de la Ópera; Fersen se dio cuenta de ello casi inmediatamente; María Antonieta tardó algún tiempo en comprender que aquella irresistible simpatía era una sorda pasión amorosa. Tampoco hay ninguna duda de que ambos envolvían sus entrevistas y su correspondencia en un halo romántico y respetuoso, aunque no podían ocultar expresiones que es muy difícil meter en el corsé de una simple y leal amistad; pero las dudas tenían que nacer forzosamente no sólo entre los cortesanos, poco habituados a los amores puros, sino también entre el pueblo, que odiaba a la 'austriaca' y tampoco podía creer que en Versalles hubiera un solo matrimonio decente.*

¿Hubo entre ellos apasionadas citas de amor? Y, sobre todo, ¿llegaron al adulterio?

Uno de los biógrafos, buscando sagazmente en la correspondencia que por fortuna no fue destruida en su totalidad por Fersen y su familia, y aquilatando de manera objetiva los hechos, cree que el adulterio nunca fue consumado, que fue un incendio amoroso violentísimo, pero que jamás llegó a quemar, ni siquiera formalmente, la dignidad de María Antonieta y la caballerosidad de Fersen.

Sin embargo no era posible detener a los maldicientes de la corte que envidiaban, temían y odiaban al sueco que, con más calma y lucidez que la reina, presentía los peligros que a ambos amenazaban. Para imponer silencio a la calumnia, para salvar a la reina de sí misma, trataría de olvidarla, era necesario alejarse de ella, y partió para América, hecho que, por supuesto, entristecería notoriamente a la reina.

Cuando Fersen se alistó como voluntario —huyendo de un amor imposible— para combatir con Lafayette en la guerra de la independencia americana, el embajador sueco fue explícito al referir a su soberano la historia de amor del joven por María Antonieta. "No puedo sustraerme a la sospecha —escribía—, de que la reina tiene una debilidad por Fersen; he comprobado indicios seguros. La conducta del joven ha sido admirable, por su modestia y su reserva. Cuando él estaba por partir, la reina no le miraba sin que sus ojos se llenasen de lágrimas. Pero él supo custodiar el dulce secreto. La duquesa de Fritz-James le preguntó:

—*¿Cómo, señor, abandonáis así vuestra conquista?*

—*Si hubiera hecho una conquista* —le respondió— *no la abandonaría. Pero marcho libre y, además, sin pesares.*

Pero Fersen volvió cuatro años más tarde con el aire y la figura de un héroe romano. Frío, serio, tímido, reflexivo y silencioso, no buscaba brillar, sabía guardar un secreto, incluso suyo, y se conducía siempre con prudencia. En América, con Rochambeau, había tomado parte en las campañas de 1780 a 1783. Su padre, el capitán general Fersen, había pretendido casarlo para tenerlo cerca. Primero abogó por la señorita Leyel y luego por Germana Necker, la hija del ministro pero él pudo sortear ambos compromisos. Y como Sofía Piper, su hermana, amiga y confidente le llamara a Estocolmo, Axel le escribió el 31 de julio de 1783:

Saldré de aquí hacia el 13 de septiembre y estaré en Suecia el 15 de octubre... Pese al placer que tendré de verte, no puedo abandonar París sin pesar. Lo encontraréis muy natural al saber la causa. Estoy muy satisfecho de que la señorita Leyel se haya casado; así no me hablarán más de ella y espero que no encontrarán otra. Yo me he decidido ya. No quiero lazos conyugales, son contra lo natural... No podré ser nunca de la única persona de quien quisiera ser, la única que de verdad me ama; por eso no quiero a nadie...

Fersen fue nombrado coronel-propietario de un regimiento en Francia, el Regimiento Real de Suecia, cuando Gustavo III le dio la orden de que le acompañara a Italia. En el transcurso de este viaje, Axel tuvo numerosas aventuras galantes. Se dejó amar, sobre todo, por Elizabeth Foster, una encantadora joven inglesa y "muy desgraciada". Cuentan que el apuesto sueco la consolaba, pero que estas relaciones no alteraron en absoluto el recuerdo de la *amiga*, a la cual había jurado amor.

Más tarde, en la marejada de la Revolución, cuando María Antonieta quedó sola y vituperada de todos, el único que intentó salvarla inventando y ejecutando una evasión que desgraciadamente falló, fue su silencioso enamorando sueco. Quizá Fersen pensaba que, en la desventura, ella era solamente una mujer y no ya una reina; y que le correspondía a él, enamorado ferviente, salir de la sombra para salvarla, cuando los amigos de María Antonieta, aquellos que habían escapado al patíbulo, se apresuraron a alejarse y, a menudo, a renegar de ella.

Tomando como referencia el testamento de María Antonieta, escrito el 16 de octubre de 1793 (el día de la ejecución), a las cuatro y media de la mañana, unas horas antes de entregar su alma a Dios, se concluye que la reina, sincera creyente ("Muero —escribe—, en la religión católica, apostólica y romana, en la de mis padres; en la que he sido educada y he profesado siempre") se expresa con honestidad. No es el momento de recordar a sus amantes, pero sí puede recordar a sus amigos, y los recuerda: "Yo tenía amigos —dice—; y la idea de ser separada de ellos para siempre y su pena, son uno de los mayores dolores que experimento al morir; que sepan, por lo menos, que hasta el último momento he pensado en ellos". No cabe duda de que esos amigos se reducen a uno y de que ese uno es Fersen; y al hablar en plural, María Antonieta usa una fórmula de máxima decencia y recato para su última despedida a Fersen, pero, sincera y leal hasta la muerte, ni quiere omitirla traicionando sus sentimientos, ni trata de arrancase éstos en una lucha final inútil.

Algunos asuntos como el del collar

Después de morir María Teresa de Austria, nada fue capaz de contener la desbordada ambición de José II. Valiéndose de halagos y de lo que fuese, el emperador empujaba a su joven hermana a tomar el poder. La humillación que le había valido el asunto de Baviera varios años antes, no le habían hecho más prudente. Sus pretensiones sobre Maëstricht y la apertura de El Escaut, afirmaban su desdén hacia la política tradicional de Versalles. Como respuesta al ultimátum del emperador a los Estados de Holanda, dos compañías del ejército francés se agruparon en la frontera de Flandes y sobre las orillas del Rhin. La reina, alarmada, veía ya sus dos patrias devastadas por la guerra. Trató con dureza a Breteuil, rogó a Luis XVI y suplicó a José para que modificara los términos del ultimátum. Durante una entrevista con Vergennes en el gabinete del rey, le hizo al ministro una escena tan violenta que éste presentó su dimisión, misma que el rey rechazó. María Antonieta comprendió que tanto su hermano como Mercy le habían aconsejado mal y resolvió unirse al rey para retener a Vergennes. José no rechazó la mediación de Luis XVI y se consiguió que Holanda aceptara entregar al 'aliado' una indemnización de dos millones. Y "para obligar a la República" el tesoro francés adelantó esta cantidad. Esto propició que por todo Francia corriera el rumor de que la reina acababa de enviar a su hermano dos centenares de cajas repletas de oro, ¡doscientos millones de francos para hacer la guerra a los turcos!

La adquisición de Saint-Cloud, cuyo aire mucho más saludable que el de Versalles, convenía al Delfín ya enfermo, se consideró como una locura. Era necesario la reparación del castillo y esto se tomó como un intento de arruinar al Estado. La reina esperaba recuperar su popularidad instalándose en Saint-Cloud, a corta distancia de París. En ese entonces vivía modestamente y los domingos ella y sus hijos se mezclaban entre los paseantes para ver las carreras de barcos o las justas en el agua. Pero todo era en vano. Los resentimientos del pueblo continuaban y se oían con frecuencia las palabras que habían salido de los salones del partido francés: ¡Vamos a Saint-Cloud a ver mucha agua y a la *Austriaca*!

Una leyenda, aún más atroz, iba a surgir del asunto del collar: la 'leyenda de los vicios' de María Antonieta. Tal asunto nació indirectamente de la enemistad entre el cardenal de Rohan, descendiente de una de las familias más nobles de Francia y la emperatriz María Teresa de Austria. Rohan era el embajador francés en Viena y vivía como en una corte oriental e incluso celebraba fastuosas fiestas que irritaban a la emperatriz, ofendida en su rígida moral. El desacuerdo entre la soberna y el embajador se ahondó cuando Rohan envió, en sus informes a París, juicios condenatorios para María Teresa, acusándola de querer participar en el reparto de Polonia (también desmembrada entonces, como hace varias décadas por Alemania y Rusia). María Antonieta, enterada de estos informes, no se olvidó del agravio inferido a la emperatriz, su madre. En ese entonces, era Delfina todavía pero, dos meses después de subir al Trono, logró que su marido removiese al embajador Rohan y que ocupara su puesto en Viena, María Teresa se había vengado de un rival suyo con la ayuda de su hija.

De regreso a París, el cardenal solicitó en vano ser

recibido por la reina para intentar una reconciliación; María Antonieta no quiso recibirlo y Rohan, caído en desgracia, tuvo que renunciar a su carrera diplomática y a sus sueños de emular a Richelieu y Mazarino. Rohan era un hombre muy rico y, sin embargo, lleno de deudas debido a sus disipaciones; vivía como un libertino, rodeado de aduladores y de bellas damas. El rey le había nombrado "gran limosnero" o sea, prácticamente, ministro del Culto. Fue por esa época, poco tiempo después de la brusca interrupción de su carrera diplomática, cuando el cardenal conoció a la señora La Motte, una habilísima intrigante, que al parecer tenía —al menos eso aseguraba— sangre de los Valois en las venas como descendiente de Enrique II de Francia. Astuta tejedora de planes complicados para estafar dinero a todo el mundo, ayudada por su marido —un falso conde, tan pobre como ella—, esta señora hizo creer a Rohan que era una de las más íntimas confidentes de la reina. Acumulando mentira sobre mentira que, a pequeñas dosis, le eran suministradas cotidianamente, el cardenal se convenció que podía recobrar la gracia de María Antonieta con la ayuda de la señora La Motte. La embaucadora, luego de haber intuido cuánta era la importancia que el cardenal concedía a la benevolencia de la soberana, decidió venderle la hipotética amistad real, simulando actuar de mensajera.

En realidad, la señora La Motte no podía vender sino fantasías; la reina no la conocía ni poco ni mucho. Con la ayuda de un cómplice, un tal Rétaux de Villette, que sabía imitar muy bien la caligrafía femenina, preparó unas cartas dirigidas por la reina al cardenal, en las que entre una cosa y otra dejaban ver una cálida simpatía de la remitente por el destinatario.

Para que éste no tuviese dudas, convencido por completo del súbito enternecimiento del corazón real y aflojase los 'cordones de la bolsa' aún más de lo que ya lo había hecho para compensar su intermediación, la señora La Motte 'amañó un encuentro' entre la reina y el cardenal.

Eligió a una bella muchacha llamada Nicole, a quien vistió y peinó como acostumbraba a vestirse y peinarse la reina, y la hizo pasear una noche por un pequeño sendero del parque de Versalles, escoltada por el 'licenciado de galeras', Rétaux, que también iba debidamente disfrazado. El cardenal estaba esperando en el mismo oscuro sendero. Viéndolo acercarse, la supuesta reina, siguiendo al pie de la letra las instrucciones recibidas, ofreció al cardenal, que se arrodilló ante ella, una rosa y susurró:

– *Podéis confiar; el pasado será olvidado.*

Al instante Retaux, fingiéndose alarmado, la invitó a alejarse:

– *Rápido, rápido, que vienen los condes de Artois.*

Mientras la graciosa Nicole desaparecía a toda prisa con Rétaux, el cardenal Rohan se quedó extasiado, aturdido, inundado de felicidad, persuadido de que la reina en persona le había hablado. Una rosa, una promesa; el hombre se hallaba en el séptimo cielo. Desde entonces resultó más fácil que nunca para la ávida La Motte sacarle dinero insinuando que se lo pedía la reina para sus obras benéficas.

La perspectiva de un secreto de amor halagó al cardenal, sobre todo porque suponía una fulminante carrera hacia la cumbre de su vida política. Porque esa carrera era, en definitiva, su punto de mira. Y para quemar las etapas se dejó embrollar en el asunto del collar. Se trataba de un espléndido collar de diamantes que dos famosos joyeros de París se resistían a vender; tanto era su valor y, como consecuencia, tan alto su precio. Un millón seiscientas mil libras, lo que bastaba, entonces, para construir dos navíos de guerra. Precisamente por ser tan costoso, María Antonieta había tenido la sensatez de rehusarlo cuando le fue ofrecido por el rey.

Enterada de ello la incansable La Motte, tejió su nueva intriga mostrando al cardenal una carta de la reina dirigida, esta vez, a ella. En la falsa misiva la soberana manifestaba su ardentísimo deseo de poseer aquel collar que quería "con toda su alma" y encargaba a su amiga La Motte que convenciera a Rohan de que anticipara (en aquel momento estaba la reina escasa de fondos) el dinero necesario para adquirir el collar o, al menos, el necesario para el primer desembolso. Por inverosímil que el hecho pueda parecer, el cardenal, hombre sagaz y rico en experiencia, cayó en la trampa y no advirtió que se trataba de un burdo engaño. Trató la compra por cuenta de la reina, abonó el primero de los cuatro plazos establecidos y, en presencia de la La Motte, consignó el collar a un falso emisario de la reina, o sea al consabido Rétaux, el cómplice de la desvergonzada estafadora. Después de lo cual los autores de la estafa se repartieron los diamantes arrancados al collar y se esfumaron, cada uno con su parte del botín. Pero la señora La Motte, antes de desaparecer, quiso informar al cardenal que la reina aceptaba el collar, aunque teniendo en cuenta el precio, pedía a los joyeros una rebaja de doscientas mil libras, Rohan transmitió la petición a los joyeros y éstos escribieron a María Antonieta diciéndole que gustosos "con celo y respeto" se avenían a las "condiciones puestas por Su Majestad para la adquisición", compensados por haber vendido "a la más grande de las reinas la mas bella joya existente". María Antonieta no entendió nada y, sin más, quemó la carta. Al cumplirse el plazo fijado para el pago, los joyeros, tras cierta espera, se dirigieron a la corte. La reina aseguró que ignoraba todo lo referente a aquella joya. Fue citado en la causa el cardenal y por fin —ya era hora— se enteró de que había sido víctima de una colosal estafa. Llamado por el rey para que se justificara, balbuceó incoherentes excusas. Furibunda, bañada en lágrimas, intervino la reina, reprochándole haber dado crédito a cartas apócrifas y acusándole, sobre todo, de haber creído posible que ella,

La edad no apagó en la reina la vivacidad y a gracia de la juventud.

Al paso del tiempo el rey aparece cada vez más blando e inseguro.

reina de Francia, se rebajase a tales peticiones de dinero: Si la púrpura y los blasones esconden un hombre de tanta mezquindad, Europa debe saberlo —decía.

El cardenal fue arrestado; también lo fueron la señora La Motte, Rétaux y la bella Nicole; así como Cagliostro, el embustero reo italiano, que fue quien aconsejó a Rohan. Antes de que se celebrase el proceso, denunciado por la reina, contra el ministro del Culto ante el Parlamento de París, Francia se dividió en dos grupos, en dos grandes partidos en pro y en contra de María Antonieta. Según unos, ella era víctima inocente de cuatro charlatanes y de un cardenal atolondrado; según los otros, era víctima culpable de su vanidad y de su ambición, que la había llevado a contraer deudas para adquirir el collar. Entre estos últimos figuraba la señora La Motte que (así lo sostuvo en el proceso) fue encargada por ella de la "operación collar". Con tanto candor como embarazo Rohan, en cambio, confesó a los jueces haber sido embaucado por una vulgar ladrona. La sentencia lo declaró inocente, con veintiséis votos contra veintidós. La Motte fue condenada a cárcel perpetua, pena de azotes en público y marca de ignominia en la espalda; exilio para Rétaux; absoluciones para Nicole por insuficiencia de pruebas, y para Cagliostro por no haber cometido ningún delito.

El partido del cardenal había ganado la batalla y la había perdido el de la reina, ya que no se había obligado a Rohan a reconocer la ofensa hecha a Su Majestad, al considerarla capaz de vender sus indulgencias y de aceptar encuentros nocturnos en oscuros senderos. Los jueces ni siquiera habían sugerido al cardenal que pidiese perdón a la reina y al rey; la absolución aumentaba de manera evidente el descrédito de la monarquía a la que se podía ultrajar impunemente. De modo oficial se consideraba lícito que un súbdito creyera que la reina era capaz de venderse por un collar. Se ha escrito que aquel collar fue el preludio de la revolución; en todo caso, resultó como un ensayo general. En 1786 se declaró inocente a quien ofendió a los soberanos; siete años más tarde, otros jueces, sobre la huella de aquellos, considerarían culpables a los propios soberanos, condenándoles a muerte.

La madre y la soberana

Entre tanto, en Versalles, la reina lloraba. Aquel proceso en el cual habían mezclado su nombre, las acusaciones que lanzara una aventurera, la deuda del cardenal, las manifestaciones populares a favor de un hombre lleno de deudas y que había juzgado a la reina capaz de entregársele por una alhaja, las mentiras contra ella divulgadas en la corte, el odio triunfante de los Rohan humillados, la verdad definitivamente falseada. Todo estaba en contra de María Antonieta. Durante años sus enemigos habían trabajado sordamente para hundirla y lo estaban logrando.

Nacida entre dominadores y dominadora ella misma

María demostró ser siempre una buena madre, atenta al bien de sus hijos, tanto en la desventura como en la felicidad.

de buena fe, como muchos de su rango, María Antonieta era buena, sensible, incapaz de tolerar el sufrimiento de los otros y por frívola que pareciese durante su juventud, cuando llegó a la madurez demostró siempre una profunda calidad humana. ¿No pecaba con frecuencia por exceso de indulgencia? Bien lo sabían las personas a su servicio, sus camareras y las jóvenes cuya inocencia protegía, y los pajes a quienes moderaba su petulancia con tan benévola dignidad. Se cuenta que jamás negaba cuanto se le pedía.

La reina salía muy poco de sus departamentos privados. Alejada de las intrigas de la corte, gustaba de las alegrías y de los goces que tanto había deseado y que se le negaron durante años. Acompañaba a sus hijos, vigilando sus comidas y los juegos de los mayores; escuchaba su charloteo y estudiaba su carácter. María Antonieta se mostraba severa con los pequeños defectos de *Madame Royal*. Su precoz ingenio y su dignidad le interesaban e inquietaban a un tiempo. Cada mañana asistía a las lecciones que le daban sus maestros, Quería que su hija tuviera maneras graciosas y afables y la hacía comer con una niña campesina de su edad, a quien había tomado bajo su protección. "Debe ser servida la primera —decía la soberana a la princesita—; debes hacerle los honores".

Después se dirigía a visitar a sus dos últimos hijos, el duque de Normadía y la pequeña Sofía. El pequeño duque poseía unos ojos menos grandes que los de su hermano el Delfín, pero era más vigoroso. "Un verdadero hijo de campesino" —decía— ¡Grande, fresco y sonrosado! Los dientes le habían salido casi sin dolor...

La excesiva ternura que demostraba María Antonieta a sus hijos irritaba al embajador Mercy que hubiera deseado ver en la reina una madre fría e indiferente como habían sido las otras reinas. María Leczinka, a partir del tercer año, mandaba a sus hijas a un convento. Jamás interrumpía sus partidas de juego para ir a visitarlas; y por azar, por "boca de un lustrador de zapatos" supo la muerte de uno de sus

Los hijos mayores de la real pareja. María Antonieta vigilaba los juegos de los mayores, escuchaba su charloteo y estudiaba su carácter.

hijos... ¡María Antonieta era mucho más "flexible" para seguir semejante ejemplo! El embajador se quejaba en sus cartas al canciller Kaunitz:

> *Después de ocuparse de la educación de su augusta hija, a quien tiene en sus habitaciones, no puede ocuparse de*

ningún asunto serio. En todo momento interrumpen los juegos del real niño. La reina apenas escucha lo que se le dice y lo comprende menos aún.

Para entonces, la inquietud había reemplazado al fastidio que antaño consumía a la reina. "Tengo el presentimiento de que todo esto terminará mal —le decía cierto día a la joven marquesa de Bombelles, su amiga y confidente—. Si no me lo impidiera mi adhesión al rey, por mi parte me retiraría a Saint-Cyr. Las intrigas me fatigan... Amo la paz y el reposo; pero no será ahora cuando mi hermano es desgraciado, que me separe de él".

Todos los cortesanos que debían estarle más obligados, los Polignac, los Benseval, los Vaudreuil no temían remedar sus palabras y sus gestos. Sabía que el duque de Orleáns le perseguía con un odio feroz, que Monseñor la calumniaba cruelmente. Todo parecía romperse en derredor suyo: amistades e ilusiones. Jamás había sido tan groseramente insultada por los libelistas franceses refugiados en Londres y por los fabricantes de *noëles* del Palacio Real, como durante aquellos últimos meses del año de 1787. Dos de sus hijos se hallaban enfermos. Madame Sofía languidecía; una fiebre lenta consumía al Delfín. El 18 de junio de ese año falleció *madame* Sofía cuando apenas contaba once meses de edad. La reina acudió al llamado de madame Elizabeth, su cuñada, quien se había ocupado del cuidado de Sofía y juntas lloraron su pérdida.

Se avecinaba ya el cataclismo, la revolución estaba a la puerta; los más sensibles sismógrafos registraban las primeras sacudidas que hacían vacilar el trono. Entre las muchas causas de la revolución, algunos historiadores incluyen a María Antonieta. Una apreciación bastante superficial aunque es cierto que sobre el horizonte de Francia se condensaron las primeras nubes porque el pueblo le tuvo odio y la hizo responsable de indiscretas intromisiones en los asuntos públicos, en la agravación de los grandes males de la época. Cuando Luis XVI usaba de su facultad de oponerse a ciertas leyes, a ella se le vituperaba con el mote de *Madame Veto* ya que se suponía que el marido era un dócil instrumento en sus manos. Lo que siempre era cierto:

– *¡Abajo* Madame Veto*!*

En las manifestaciones populares, el pueblo hambriento repetía este grito cada vez con mayor fuerza. Y si las finanzas iban de mal en peor, a pesar de los esfuerzos del ministro Necker, y los impuestos se multiplicaban, la responsabilidad siempre recaía sobre María Antonieta. En la Exposición de 1787, su retrato recibía el nombre de *Madame Déficit*.

– *¡Abajo* Madame Déficit*!*

En la Asamblea de Notables acababan de proponer algunas reformas, las cuales se proponían llevar a cabo en las casas de las princesas. Durante la primera sesión hubo que confesar un déficit de ciento quince millones de libras. Se hacía a la reina responsable de los errores de Calonne, el Contralor de finanzas.

Tras hacer una encuesta entre todos los Notables, la reina propuso despedir a Calonne. Inmediatamente los Polignac se opusieron. El 'exclusivo' grupo social dizque adicto a la reina salió en defensa del contralor general de finanzas: Vaudreuil, el conde de Artois, la condesa Jules... A ésta última tan lejos llevó su ingratitud que al hablar de la reina parecía haberla olvidado. Entre las dos amigas se produjeron violentas escenas.

María Antonieta se defendía bien. Calonne debía salir. Su sucesor el arzobispo Loménie de Brienne, desagradaba a Luis XVI que le reprochaba su falta de creencias y sus costumbres disolutas. A pesar suyo, el arzobispo fue llevado al poder por Mercy y por el abate Vermond. La reina se dejó persuadir y no tardó en arrepentirse. No hacía ni diez días que las finanzas estaban en manos de Brienne, cuando se hizo patente su incapacidad. Los banqueros, alarmados, le negaron su concurso, entonces, Luis XVI llamó a Necker pero este gesto no desarmó a los enemigos de María Antonieta. Axel de Fersen, que había fijado su guarnición en París, para estar cerca de María Antonieta, escribía a Gustavo III de Suecia:

> *Por lo general la reina es detestada. Le atribuyen todos los males que ocurren; no se le concede bien alguno... (Desde que ella gobernaba, se pretendía que el rey se había dado a la bebida). Se ha dicho que la reina alimenta esta pasión —agregaba— y que se aprovecha de su estado para hacerle firmar cuanto quiere. Nada más falso. No hay tal inclinación por la bebida; y aun suponiendo que existiera, sería un vicio demasiado peligroso por las consecuencias que pudiera acarrear puesto que cualquier otra persona podía sorprender al rey para una firma, lo mismo que la reina.*

En las inmediaciones del Palacio Real circulaba una caricatura que representaba a varias personas en torno a una mesa. Con la boca abierta, miraban a Luis XVI que sostenía un vaso de vino en la mano y a su lado aparecía la reina armada con un tenedor. Al pie había una leyenda donde se leía: "El rey bebe, la reina come, el pueblo grita..."

Y ciertamente el pueblo de París gritaba, mientras el rey lloraba y la reina le expresaba angustiada a Mercy, refiriéndose a Brienne: "Soy muy desgraciada. Temo que no obliguen a marchar al arzobispo; y, ¿a quién colocar a la cabeza de todo? Porque es necesario alguien, sobre todo con el señor Necker. Le hace falta un freno." El 25 de agosto —día de San Luis— resolvió dar gusto a la opinión de la mayoría. Por la noche escribió a Mercy una carta comunicándole su decisión:

El arzobispo se ha marchado... Acabo de escribir al señor Necker para que venga a verme mañana a la diez. No hay que dudar más. Si pudiera ponerse a trabajar mañana mismo, sería lo mejor. Es muy urgente; tiemblo –perdonad esta debilidad mía– porque soy yo quien le hago volver. Mi suerte es dar la mala; y si infernales maquinaciones no le hacen fracasar o mermar la autoridad del rey, se me detestará aún más.

Mercy aprobó el proceder de María Antonieta. El Arzobispo, bien lo sabía Mercy, había acabado de vaciar las arcas del Estado. El abate Vermond era el único que no quería admitir nada; no veía, no comprendía más que una cosa: había dedicado diecisiete años, "diecisiete años de paciencia" para preparar la subida al poder de su protegido y al cabo de quince meses se le arrojaba injustificadamente (según el abate).

Sin embargo, María Antonieta había cerrado la puerta al pillaje; hizo grandes reformas en su casa suprimiendo ciertas partidas de gastos concedidas antaño a los "avorazados que le rodeaban". Siguiendo su ejemplo, el rey canceló la mayor parte de su escolta y obró de una manera semejante en sus caballerizas. Por esta razón Vaudreuil perdía su puesto de gran halconero y el duque de Coigny el de primer escudero. La reina le rogó al duque de Polignac que renunciara a la dirección general de la porta de caballos que le suponía un ingreso anual de cincuenta mil libras, hecho que enfureció a la condensa Diana más que al propio duque. Besenval, "coronado de blancos cabellos" declaró que "no se podía vivir en un país donde no había la seguridad de poseer al día siguiente lo que se poseía la víspera..." ¡Todos estaban furiosos!

Tanta ingratitud entristeció a la reina. Decididamente Fígaro tenía razón: todos aquellos cortesanos a quienes había ella compensado con creces, no sabían otra cosa que pedir, tomar y recibir.

Muchos acontecimientos se habían desencadenado en los últimos tiempos: la convocatoria a los Estados generales anunciados por Luis XVI para el primero de mayo siguiente (1788); la reciente reunión de los Notables; la censura que estaba casi abolida, mientras las prensas no se daban abasto para imprimir tantos folletos como salían cada día de las sentinas de la capital. Una mañana el rey recibió un paquete que contenía un gran número de estos libelos y dicen que cuando los leyó cayó enfermo. Cuando estuvo solo con la reina, no le ocultó que había recibido aquellos folletos conteniendo acusaciones abominables que la involucraban a ella y a Fersen. Cuentan, también, que María Antonieta, moviendo la cabeza, dijo: "Se nos quiere privar del único amigo sincero que tenemos. El único con quien podemos contar".

La presencia de Necker en el poder había puesto fin a la acción política de María Antonieta. Sabía que el nuevo ministro "apenas podía tolerar al rey como superior" y no asistió ya más al Consejo. En tanto que en París quemaban un maniquí representándola, en Versalles habían pegado sobre los muros del palacio un cartel que decía:

> Luis XVI en entredicho, Antonieta al convento
> De Artois a San Lázaro y Provenza regente.

La reina se encerraba, cada vez más, en sí misma. Un dolor cruel iba a herir su amor y su orgullo. Dos años después de haber muerto *madame* Sofía, el 4 de junio de 1789, sucumbía el Delfín. Mientras sollozaba donde yacía el pequeño cuerpo todo deformado, se imaginaba al robusto bebé que mamaba del pecho de la señora Potrine.

Todas las campanas de Francia repiqueteaban cuando se anunció su nacimiento. En París y en Viena habían encendido fuegos artificiales, cantando y danzando al sonido de los violines. A los dos años, el Delfín caminaba solo. Cuando cumplió los tres le vistieron de marino colgándole el cordón azul y la cruz de San Luis. Hablaba mucho y muy aprisa y su humor era siempre bueno. A los cinco años pasó de manos de las amas de gobierno, a las del duque de Harcourt. Aquel día le habían colocado completamente desnudo sobre una gran mesa que, varias veces, recorrió de un extremo al otro. Por unanimidad se reconoció que la señora de Polignac lo entregaba al duque de Harcourt en muy buen estado.

Su estado de salud se alteró después de un contagio. Caminaba con dificultad. Se le habían deformado las manos y se volvió un niño delicado. Sus piernas no le sostenían y no podía pasearse sobre su asno. La espina dorsal se le doblaba y por más que lo sometían a tratamientos y le ponían corsés hechos con varillas de hierro, no lograron curarlo. Se decidió trasladarlo a Meudon donde el aire vivificante de aquel lugar debía detener los procesos del mal. El médico que veía todos los días al Delfín parecía preocupado pero la reina se hacía ilusiones y esto era lo que le escribía a su hermano, el emperador:

> *Mi hijo mayor me causa gran inquietud. Aun cuando siempre ha sido débil y delicado, no esperaba la crisis por la que atraviesa. Su crecimiento ha quedado interrumpido; una cadera es más larga que la otra, y en la espalda, sus vértebras están un poco desplazadas y salientes. Desde hace algún tiempo tiene fiebre todos los días y se ha puesto muy delgado y muy débil. El rey ha sido enfermizo y poco fuerte durante su infancia; el aire de Meudon le fue muy saludable; vamos a establecer allí a mi hijo.*

Después de una mejoría engañosa, se hicieron más frecuentes los dolores y sufrimientos. Para soportarlos mejor, lo habían acostado sobre una mesa de billar cubierta de colchones. La espina dorsal se le había desviado nuevamente, una erupción le cubría el rostro y tenía el cuerpo enrojecido y lleno de llagas. Pero su ánimo y sus razonamientos sorprendían a cuantos lo visitaban.

Una mañana encontraron al Delfín de pie. Parecía curado, ya no tenía dolores. Comía en público, reía y tenía ocurrencias ingeniosas. Cuando decía: "Yo quiero". La niñera le reprendía: El rey debe decir, "nosotros queremos". El niño replicaba: "¡Bien, sí! El rey y yo queremos los dos. Ved, pues, cómo tengo razón. Mi papá no diría '*nosotros*' para él sólo."

Pero pronto reapareció el mal. A veces, sin embargo, se producían crisis saludables. María Antonieta pasaba sin cesar del temor a la esperanza y de la esperanza a la desesperación. El Delfín ya no podía dormir y le agitaban movimientos convulsivos. Los médicos le aplicaban toda clase de remedios en la columna vertebral. Él pidió que sólo la reina permaneciera a su lado, dirigiéndose a ella con extrema ternura. Pocos días antes del desenlace le había suplicado a su madre que comiera en su habitación. Era una noche tibia cuando el bordón de Nuestra Señora se puso a sonar para las plegarias de las cuarentas horas.

4

La noble cautiva

(13 de agosto de 1792-16 de octubre de 1793)

Los preludios de la Revolución

Las causas que originaron la Revolución francesa fueron mucho más profundas que los despilfarros de María Antonieta o que el caos administrativo del reinado de Luis XVI. Dicen los historiadores que se originaron desde antes, cuando la petulancia de Luis XIV y la haraganería de Luis XV impidieron el gradual desarrollo de un nuevo sistema de gobierno en Francia. Luis XVI había sido educado en un vago ideario que mezclaba dos propósitos: el tradicionalista y el reformador. "El bien público —dice el historiador Bainville, autor de *Historia de Francia*— obrando como una autoridad paternal y respetando los antiguos derechos, las libertades, las franquicias y garantías, los tres órdenes y las grandes corporaciones, la vuelta a la antigua constitución de la monarquía, tal como se la imaginaban: todo ello consistía menos en principios que en una tendencia que parecía confundirse en algunos puntos —salvo en la cuestión religiosa— con la de los filósofos, pero que era todo lo contrario". Era sencillamente el despotismo ilustrado.

En el plano político, Luis XVI, al querer restaurar las

tradiciones, volvió a dar paso a los Parlamentos que regresaron resentidos y prepotentes. Pero esta medida verdaderamente revolucionaria de Luis XVI provocó el inevitable conflicto entre la Corona y el Parlamento, y fue preciso convocar a los Estados Generales que no habían sido reunidos desde hacía siglo y medio. Esto tuvo resultados desfavorables: Luis XVI era incapaz de hacer frente a la revolución política que él mismo había desencadenado.

No obstante, el gran motor de la Revolución, desde sus más remotos orígenes, fue el de las dificultades financieras. Ni Turgot, ni Necker, ni Fleury, ni Calonne, pudieron hacer nada duradero para contener la anarquía financiera. Los que no querían pagar, o pagar menos, utilizaban las trincheras políticas para defender sus posiciones. "En realidad —dice Bainville—, el mayor motivo de descontento y de inquietud era el asunto del dinero. Los privilegiados temían los impuestos: una asamblea del clero reunida por Brienne, que esperaba de él un subsidio, lo negó en redondo y declaró que tan cómodo era el pretexto que el pueblo francés no era imponible a voluntad. Por otra parte, los innumerables acreedores del Estado y portadores de rentas se alarmaban. Nadie quería pagar, los que rentaban querían ser pagados. Todo el mundo contaba con los Estados Generales ya fuera para escapar a la tasación o para garantizar el pago de la deuda pública. Mientras tanto, los impuestos existentes ingresaban mal porque el nuevo mecanismo de las asambleas provinciales no funcionaba bien todavía. Los recursos del Tesoro se habían agotado porque, habiendo sido escarmentada la confianza (si no destruida), ya no se suscribía a los empréstitos, mientras que los banqueros negaban adelantos".

Por último, las grandes potencias: Inglaterra, Prusia y Rusia, principalmente, veían complacidas cómo se desmoronaba Francia y disimulaban muy mal su satisfacción al contemplar la ruina de la monarquía más poderosa de aquellos tiempos. Luis XVI sabía que la alianza con Austria era el gran contrapeso tradicional, pero la Revolución aprovechó bien esta convicción para acusar a los reyes de traidores, haciendo ver que sólo buscaban su propia salvación. Incluso Austria jugaba sucio en aquella ocasión. Por otra parte, la Revolución necesitaba una guerra contra los extranjeros, el gran recurso de todas las revoluciones para sostenerse y afianzarse. "Si bien se tenía dónde escoger —continúa en su exposición Bainville— entre los adversarios, era menester para desacreditar a la monarquía, que aquel adversario fue Austria, aliada oficial del Gobierno francés, aliada de la familia del rey y de la reina. Se tenía la seguridad de herir mortalmente a la realeza impeliendo a la guerra contra Austria, exaltando los sentimientos que seguían siendo vivaces, invocando, como bajo Luis XV, las tradiciones de la política nacional, las tradiciones de Richelieu. "La ruptura de la alianza austriaca —decía un girondino— es tan necesaria como la toma de la Bastilla". En efecto, aquella ruptura llevaba la Revolución a la esfera de la política extranjera y, por un cálculo terriblemente justo, iba a poner a la realeza en conflicto con la nación".

El asunto del collar —del que ya se habló antes— sumergió injustamente a María Antonieta en un pantano de mortificaciones. Se vio también que libelos y cancioncillas la denigraban ya abiertamente hasta tal punto que el rey le había prohibido mostrarse en público en París, para evitar ultrajes. Merecidamente o no, la ira del pueblo, que nunca tiene nada de razonable, había hecho de ella el chivo expiatorio de toda la desventura.

El 4 de mayo de 1789, a las 10 de la mañana, tuvo lugar una solemne procesión a Versalles. Asistieron las tres Órdenes. El duque de Orleáns, "el apóstata de la corte" se había apartado de las princesas para desfilar con el Tercer Estado. Cuando él apareció, resonaron los ¡vivas! Al rey, que avanzaba detrás del baldaquín que cubría al arzobispo de París portando al Santísimo Sacramento, le saludaron con aclamaciones de júbilo. Pero un silencio hostil acogió a la bella y majestuosa reina que portaba un deslumbrante traje de pedrería.

Al día siguiente tendría lugar la apertura de los Estados Generales en el gran salón de los Pequeños Placeres. Ese día todos los asistentes percibieron el aire grave y serio de la reina, quien escuchó de pie el discurso de Luis XVI, por cierto un discurso muy breve que pronunció en un tono bastante resuelto. Durante las semanas que siguieron, el ministro Necker hizo algunas concesiones a la Asamblea que el rey juzgó excesivas. El 11 de julio recibió la orden de abandonar Francia en un plazo de veinticuatro horas. A este despido siguió la dimisión de otros cuatro ministros: Montmorin, Puységur, Saint-Priest y La Luzerne que consideraban aquél, el primer acto de un golpe de Estado. Agitadores pagados por el duque de Orleáns hicieron correr rumores alarmantes, decían que se iba a disolver la Asamblea, a declarar el Estado en quiebra y a lanzar al ejército sobre la capital. El miedo invadió a empresarios, comerciantes y burgueses. La multitud invadía el Palacio Real, se apoderaba de los bustos de Necker y del duque de Orleáns y los paseaba por toda la ciudad. En la Plaza de Luis XV un grupo de revoltosos chocó con el Real Regimiento Alemán y un anciano fue herido, lo cual sirvió de detonante para que Camilo Desmoulins hiciera un llamamiento a las armas que enfebreció a todo París. Los guardias franceses se declararon de parte de los insurgentes y dispararon a las tropas reales que emprendieron la retirada. Horas más tarde una horda de vagabundos forzaba las puertas de la ciudad, quemaba barricadas y robaba en las panaderías y en las tiendas de los armeros causando pánico entre los habitantes.

La noche del 14 de julio llegaron a Versalles rumores inquietantes. Hacia la media noche se supo la noticia de la toma de la Bastilla y poco más tarde, sobre la masacre del gobernador Launay y de Flesselles, el líder de los comerciantes.

Con objeto de restablecer la calma y el orden, Luis XVI hizo un llamamiento al amor de los franceses por su rey. En respuesta a quienes aconsejaban la violencia, se optó por ceder ante la evidencia de los hechos. Después de haber prometido que convocaría a Necker, se dio la orden para que las tropas se alejaran de París y de Versalles. Pero todo fue inútil. Una especie de frenesí agitaba a los vencedores. El 16 de julio nombraron a Bailly alcalde de París. Lafayette solicitó y obtuvo la plaza de comandante general de la Guardia Nacional.

Luis XVI decidió trasladarse a París y en el Ayuntamiento aprobó cuanto había ocurrido, recibiendo de manos del alcalde la escarapela de la ciudad en revuelta. El pueblo gritaba: ¡Viva el rey! ¡Viva la Nación!

Este paso no satisfizo a los revoltosos a sueldo del duque de Orleáns. Esterhazy lo juzgó infamante y decía a sus amigos más cercanos:

> *Mirabeau, pleno de genio y de talento, es un infame sin principios, prófugo de la justicia que le ha condenado dos veces; Laclos, hombre de gran ingenio, buen conocedor del lado malo de los hombres y capaz de explotarlos con tal de tener autoridad y placeres; ellos se amparan uno y otro en el duque de Orleáns, hombre inmoral, libertino, convertido en ambicioso desde que la corte le trata con consideración. Una señora de Genlis, ingeniosa, intrigante y sin principios que une la más profunda hipocresía a todos sus vicios y que le empuja a la revuelta. Estos diferentes actores no se quieren entre sí y desprecian al duque de Orleáns, aunque su nombre y su dinero les son necesarios para corromper tropas y tener a toda Francia...*

El verdadero adversario no era el rey sino la reina. Para remover los odios, reanudaron las viejas calumnias: favoritos, favoritas, el Trianon, las 'orgías' en el parque de

Versalles, el asunto del collar, Francia 'vendida a Austria por la extranjera que gobierna al rey'. Tal era la rabia que en el mismo palacio se ponía precio a la cabeza de María Antonieta y a la del duque de Artois; había amenazas contra los familiares de la reina y hasta quemaron un maniquí que representaba a la condesa Jules.

Ante el peligro, María Antonieta, respaldada por el rey, rogó a los Polignac que se marcharan, y mientras una berlina llevaba a Suiza a la duquesa, su marido y su hija, acompañados por su cuñada Diana y el conde de Artois, se dirigían hacia los Países Bajos junto con sus dos hijos, los duques de Angulema y de Berry, y del príncipe de Hénin, capitán de sus guardias y del conde de Vaudreuil. En la corte cundió el pánico; varios ministros y grandes personajes desaparecieron y los familiares y servidores de la reina los imitaron. En pocos días los reyes se quedaron casi solos con servidores 'improvisados' que remplazaron a los anteriores y que en su mayoría eran partidarios de los enemigos de María Antonieta. Ellos se encargarían de espiarla y la traicionarían más tarde.

En una carta dirigida a la señora de Polignac, María Antonieta expresa su sentir en esos días difíciles:

> *No os manifiesto todo el pesar que siento al verme separada de vos; espero que lo sentiréis como yo. Mi salud es bastante buena aunque necesariamente me siento un poco debilitada por los choques continuos que experimento. Estamos rodeados de penas, de desgracias, de desgraciados... Todos huyen y me siento demasiado dichosa pensando que todos cuantos me interesan se encuentran lejos de mí. Mis hijos constituyen mi único recurso; estoy con ellos el mayor tiempo posible. Conoceréis, con toda seguridad, el nombramiento de la señora de Tourzel. Ha costado mucho a mi corazón, pero puesto que habéis dimitido y ya que a falta de la amistad y confianza que contribuían a su educación, he querido, por lo menos,*

que fuera persona de gran virtud y alejada de toda acusación de intrigas, quien ocupe vuestro puesto. Mi hija y Elizabeth han sido perfectas para vos y por lo tanto para mí. En cuanto a mi hijo es aún muy pequeño y demasiado distraído para sentir mucho la separación

La elección de la nueva institutriz fue muy afortunada. Para poner al tanto a la señora de Tourzel en el carácter de sus hijos, María Antonieta le había dirigido una larga instrucción fechada el 24 de julio de 1789. Sus atentas observaciones, su buen sentido, su intuición, le permitieron trazar un retrato imparcial y sincero del pequeño duque de Normandía, convertido en Delfín a la muerte de su hermano. Esto fue lo que escribió la reina:

Mi hijo tiene cuatro años y cuatro meses menos dos días... Su salud ha sido siempre buena; pero, incluso desde la cuna, ha demostrado tener unos nervios demasiado delicados... Sus primeros dientes le salieron tarde, pero sin enfermedades ni accidentes... Es, como todos los niños fuertes y de buena salud, muy inquieto, travieso y violento en sus cóleras; sin embargo, es un buen niño, hasta tierno y cariñoso cuando el aturdimiento no le domina. Tiene un amor propio desmesurado que, conduciéndolo bien, puede ser un día una ventaja... Es de gran fidelidad cuando promete algo; pero muy indiscreto y repite con facilidad cuanto oye, y con frecuencia, sin querer mentir, añade cuanto su imaginación le ha hecho ver. Éste es su mayor defecto.

Después de haberle recomendado que corrigiera al Delfín, María Antonieta aconsejaba a la marquesa de Tourzel el empleo de la dulzura con su hijo. La severidad le sublevaba: "La palabra 'perdón' le ha fastidiado siempre. Él hará cuanto se quiera si ha faltado, mas la palabra 'perdón' no la pronuncia más que entre lágrimas e infinitas angustias".

La madre confiaba a la institutriz el método que ella había seguido siempre con sus hijos:

> *Les he aconsejado siempre a que el sí o el no que yo diga es irrevocable; pero siempre les doy una razón acorde con su edad para que nunca puedan creer que están dictados por mi buen o mal humor. Mi hijo no tiene idea alguna de la altivez y desearía mucho que continuara sin tenerla. Nuestros hijos saben demasiado pronto, quienes son...*

Mientras María Antonieta se ocupaba de la educación de su hija y de su hijo, falsas noticias corrían en todo el reino. Un gran miedo invadía a las provincias del Este y del Oeste. La gente huía de las aldeas armados con fusiles, con hoces, con navajas; se mataba, se robaba, se destruía; se incendiaban palacios, obras de arte, monumentos y archivos. Después de la noche del 4 de agosto y de haber abandonado sus privilegios la nobleza y el clero, después de la declaración de los *Derechos del Hombre* y *del Ciudadano,* la Asamblea Nacional acordaba al rey un *veto* temporal sobre las decisiones del poder legislativo. Los capitalistas enterraban su dinero, los productores escondían sus granos y el pan escaseaba. Impulsados por los clubes, los libelistas acusaban a la Corte y a la Asamblea de 'aristócratas' y 'curas' que querían —según aseguraban ellos—, dejar a París muerto de hambre para sofocar la Revolución.

Ante todos estos hechos, la reina no vislumbró otro remedio que la disolución de la Asamblea y el establecimiento del rey lejos de París, en las proximidades del mar o de la frontera, por ejemplo en Metz o en Rouen. Por su parte los diputados moderados temían una sedición y pedían a Luis XVI que transfiriese la Asamblea a Soissons o a Sompiégne, fuera del "abrigo de las empresas del Palacio Real". El rey no estaba de acuerdo y prefería emplear la intimidación y hacer venir de Douai un regimiento que se mantenía fiel, el de la infantería de Flandes.

El 1 de octubre los guardias de *corps* ofrecieron una comida a los oficiales del regimiento de Flandes en la sala de espectáculos del palacio de Versalles. Había muchos invitados y se bebió a la salud del rey y de la reina. Atraídos por la curiosidad, los soberanos se presentaron en la fiesta permaneciendo poco tiempo en ella. Al día siguiente, oradores y libelistas pagados por la facción de Orleáns, describían aquel festejo como orgía subrayando que mientras en París la gente se moría de hambre, en Versalles se hartaban con espléndidas viandas y vinos. Evidentemente hubo grandes protestas por parte de todos los sectores, dirigidas por opositores e ideólogos organizadores de la sedición, y de entre ellos, fue el duque de Orleáns a quien se le ocurrió la idea de que las mujeres podían realizar el asalto en Versalles sin esperar un contraataque.

El lunes 5 de octubre cinco o seis mil mujeres, encabezadas por las vendedoras del mercado, se pusieron en camino hacia Versalles. El rey había salido de cacería y María Antonieta se encontraba en el Trianon. Cuando a la reina le avisaron de la marcha, se dirigió apresuradamente a palacio y en el camino se enteró que Lafayette había salido de París al frente de veinte mil hombres. El rey, advertido también, había reunido a su Consejo de ministros justo cuando empezó a hacerse visible la vanguardia de las mujeres del mercado. Entre tanto, colocaban al regimiento de Flandes y a los guardias sin cartuchos ante el palacio; se cerraron las rejas y se levantaron barricadas en todas las salidas. Las puertas que "no habían girado sobre sus goznes desde tiempos de Luis XIV, se cerraron por primera vez".

Los correos enviados regresaban con noticias alarmantes. Detrás de la turba de mujeres y hombres que seguían a los guardias nacionales de París, avanzaba una tropa de bribones. En la Asamblea se le reprochaba al rey no haber opuesto su *veto* a la *Declaración de los Derechos del Hombre*. En medio de aquel tumulto, Mirabeau, que llevaba la voz cantante, denunciaba la influencia de la reina. Los ministros deliberaban sumamente confundidos. La tarde caía y aún llovía. No lejos de las verjas se oían tiroteos. A un oficial, el señor de Savonniéres, le habían destrozado el codo con una bala.

Saint-Priest aconsejó al rey hacer salir para Rambouillet a la familia real. "Podrían ocuparse los puentes de Neuilly y de Saint-Cloud. El de Sévres por ser de madera, podía destruirse fácilmente". El rey a la cabeza de doscientos cazadores de los obispados y ochocientos guardias de *corps* detendría a los parisinos. Era urgente distribuir cartuchos al regimiento de Flandes. El señor de Narbonne-Fitzlar, se ofreció a abrir fuego sobre la horda que avanzaba pero Luis XVI se opuso a la violencia: ¡nada de sangre! —ordenó.

María Antonieta no quería dejar solo a Luis XVI: "Mi lugar está junto al rey" —le decía a Saint-Priest—. Afuera los gritos se oían cada vez más cercanos. Cubiertos de lodo, calados por la lluvia y el sudor, harapientos, sucios, la gente del pueblo lanzaba gritos y amenazas dirigidas a la reina: ¡Le cortaremos el cuello!...¡Le arrancaremos las tripas para hacer con ellas cintas!

Un ayuda de campo de Lafayette se adelantó para decir al rey que el general estaría en Versalles dentro de unas horas con sus soldados y gran parte del pueblo de París. Saint-Priest le insistía a Luis XVI que llevara a su familia a un lugar seguro. Al saber que no la separarían de su esposo, María Antonieta ya no se negó a salir, hizo levantar la parte más gruesa del servicio de orden y firmó, llorando, la declaración que le pedía la Asamblea: aceptaba la Declaración de los Derechos y los artículos de la Constitución.

A media noche se presentó Lafayette cubierto de lodo ante Luis XVI y le dio seguridades sobre las intervenciones pacíficas de su tropa y de que se mantendría el orden en Versalles. El rey le creyó y consintió en confiarle los puestos exteriores del palacio. Momentos después, despedía a las personas que le rodeaban y se cercaban las puertas. A las dos de la madrugada se apagaron las últimas bujías y todo parecía estar tranquilo, pero al amanecer, un ruido confuso resonó bajo las ventanas de María Antonieta. Enseguida se oyeron los gritos del pueblo: ¡Muera la austriaca!... ¡Queremos el corazón de la reina!.

Rumbo al cautiverio

"¡Salvad a la reina!" —irrumpió la voz de uno de los guardias empujando la puerta de la salita donde se encontraba, ya de pie, la soberna—. La señora Thibaut que se hallaba junto a ella, le puso a la carrera un vestido, la cubrió con un mantón y se la llevó a toda prisa por la parte trasera del palacio a los departamentos del rey. Dicen las crónicas que estuvieron cinco minutos golpeando la puerta con los puños y pidiendo socorro hasta que finalmente les abrieron. Ante ellas apareció el rey sosteniendo al Delfín entre sus brazos. María Antonieta, algo más calmada, despertó a *madame* Royale y a *madame* Elizabeth, y desde uno de los amplios ventanales, la familia pudo contemplar cómo los insurrectos destrozaban el palacio de Versalles y cómo Lafayette, aún adormilado, hacía retroceder con granaderos a los saqueadores.

Mas de pronto se escucharon voces que reclamaban a gritos la presencia del rey en París. Luis XVI salió al balcón y el pueblo aplaudió. Las mujeres reclamaban a la reina. María Antonieta tomó a sus hijos de la mano y se mostró a la multitud. ¡Nada de niños!... ¡La reina sola! —le gritaba la horda—. Ella obedeció. Pálida, orgullosa, con los brazos cruzados, hizo frente a la multitud que pedía su muerte. Mas inesperadamente se hizo un profundo silencio y poco a poco se fueron elevando los gritos de ¡Viva la reina!. Poco después, esas mismas voces demandaron la vuelta del rey a París. Lafayette trataba de persuadir a Luis XVI para que cediera y Saint-Priest que no lo hiciera: Si Vuestra Majestad se deja llevar a París, su corona está perdida —le pronosticaba. El rey le hizo caso a Lafayette, declarando que saldría al mediodía; y cuando se interrogó a la reina sobre sus intenciones, ésta se limitó a responder: Sé la suerte que me aguarda. Mi deber es morir junto al rey y junto a mis hijos.

Narran las crónicas de la época que el cielo se había aclarado y la temperatura era casi tibia en Versalles, cuando un inmenso y extraño cortejo se puso en marcha. Éste es el relato de los historiadores:

> *Treinta mil hombres armados avanzaban lentamente llevando panes en la punta de sus picas o de sus bayonetas. Los seguían las mujeres vendedoras ataviadas con su delantal blanco y sus hijas montadas algunas sobre los cañones, o en los caballos de los guardias de* corps, *llevando puestos sus sombreros. De tiempo en tiempo gritaban: "¡Al farol!... ¡Abajo los curas!... ¡Todos los obispos al farol...!". Los granaderos armados de ramas verdes escoltaban a los carromatos repletos de harina y de trigo que habían llegado no se sabía de dónde. Los dragones y los suizos rodeaban las góndolas de seis plazas donde se amontonaban el rey, la reina, sus hijos, madame Elizabeth y la señora de Tourzel. Les seguían coches de alquiler llevando un centenar de diputados. Con las cabezas descubiertas "agotados por el hambre y la fatiga" los guardias, desarmados, silbaban al pasar por entre la multitud que corría para ver desfilar aquel extraño cortejo que marchaba lentamente entre ruido y confusión. De trecho en trecho se detenían para hacer salvas de la mosquetería. Las mujeres rodeaban la carroza real, saltaban al cuello de los soldados y gritaban a los curiosos:* 'Nos llevamos al panadero, a la panadera y al aprendiz'.
>
> *Hacía bastante tiempo que había anochecido. La entrada a París se hizo a la luz de las antorchas. Llevaban siete horas desde que se habían puesto en marcha. Había que ir*

aún al Ayuntamiento a soportar el discurso de Bailly. A las diez de la noche llegaron, por fin, 'los prisioneros del pueblo' a las Tullerías. El viejo palacio, en abandono desde hacía más de cien años, parecía inhabitable con sus departamentos sin muebles, ruinosos y helados. Tras una cena improvisada permitieron a la familia real descansar en unas camas de campaña que se les había conseguido con mucho trabajo. La reina quiso tener a sus hijos en su habitación. Antes de dormir, el Delfín murmuró:
– Mamá, aquí todo está muy feo.

María Antonieta, abrazándole, respondió:

– Luis XIV vivía aquí y se encontraba bien. Nosotros no debemos ser más difíciles que él.

En las Tullerías

Al día siguiente, la reina se entrevistó con las verduleras que acompañaron la víspera la carretela real y respondió a todas sus preguntas, de tal manera que ellas quedaron encantadas y la aclamaron como su reina. Por la tarde, ella le escribe al embajador Mercy, quien se había quedado en Chenneviéres, donde poseía una propiedad. Ésta es parte de la carta:

Estoy bien, esté tranquilo. Olvidando dónde estamos y cómo nos han traído, debemos estar contentos de la actitud del pueblo, sobre todo en esta mañana. Espero, si el pan no falta, que muchas cosas se restablecerán. Hablo al pueblo: militares y verduleras, todos me tienden la mano; yo aquí se la doy... El pueblo me pidió esta mañana que nos quedáramos. Les he dicho en nombre del rey que está a mi lado, que eso depende de ellos: que nosotros no pedimos nada mejor; que todo odio debe cesar; que el menor derramamiento de sangre nos haría huir con horror. Los más próximos me han jurado que todo había acabado. He dicho a la chusma que vayan a repetir cuando acabamos de decir.

Tres días más tarde, María Antonieta le escribía de nuevo al embajador. Le decía que ante todo era necesario hacer desaparecer la terrible desconfianza que existía en la cabeza de todos. Pese a la malignidad de sus enemigos, ella esperaba llegar a superar aquellos momentos mediante la dulzura y una paciencia a toda prueba. Se alegraba la reina de saber que Mercy había podido salvarse de Versalles y le aconsejaba no mostrarse todavía en París: "Por lo demás —añadía—, no puedo ver a nadie en mi casa. No dispongo más que de mi pequeña habitación alta. Mi hija se duerme en mi gabinete, junto a mí, y mi hijo en la habitación grande. Pero que estén a mi lado, al menos no sospecharán al no ver a nadie en mi casa".

La vida en las Tullerías iba reorganizándose poco a poco. Volvieron a amueblarse las grandes salas vacías. Tapiceros y ebanistas trabajaban día y noche. Y pronto, en el viejo palacio, los recién llegados se encontrarían rodeados de una pálida réplica del fasto de Versalles. Los mismos funcionarios, servidores y libreas. Incluso hasta la misma etiqueta pero frecuentemente trastornada por las delegaciones populares y los representantes de la Asamblea. Un solo cambio en verdad importante: no más guardias de *corps* ante las puertas. Ahora, en su lugar, podía verse a los guardias nacionales de Lafayette, a los soldados del señor Bolondinet.

Un pequeño círculo de personas fieles se había formado alrededor de María Antonieta. La señora Lamballe, al informarse de los acontecimientos ocurridos el 5 y el 6 de octubre, salió de su retiro para sumarse al número de amigos de la reina. Se le había instalado en la planta baja del Pabellón de las Flores. Madame Elizabeth habitaba el primer piso y la condesa de Ossun y la señora de Mackau estaban alojadas en el segundo. El rey había concedido el Pabellón de Marsan a las señoras.

La familia real se contentó con el ala de palacio que daba al jardín. El departamento de María Antonieta, situado en la parte alta, comprendía un dormitorio, un salón, un billar y un comedor. Una gran escalera conducía desde el piso superior a las habitaciones de Luis XVI. Para poderse trasladar directamente a las habitaciones del rey y del Delfín, la reina había mandado construir una más pequeña. Así ella se encontraba resguardada de toda sorpresa. En este inmenso albergue real de pasillos obscuros, poblados de espías, María Antonieta se sentía prisionera. Se levantaba temprano, desayunaba sola, recibía a Luis XVI y a sus hijos, asistía a misa y dedicaba los tiempos libres a sus labores de tapicería o bordado. Después de comer jugaba billar con el rey, y al salir éste, recibía a sus amigos íntimos. La princesa de Lamballe, la de Chimay, las condesas de Ossun y de Maillé, la duquesa de Duras y la marquesa de La Roche-Aymon, con su simpatía siempre en vela, calmaban por algunas horas las inquietudes que "le proporcionaban diariamente gran cantidad de anónimos". Sin embargo, era a la señora de Tourzel, a la princesa de Tarente y a la duquesa de Fitz-James, a quienes hacía sus más secretas confidencias. Después de la cena toda la familia real se reunía en el gran salón. Se retiraba a las once y dos veces por semana la reina "tenía corte" y asistía al juego del rey.

María Antonieta salía rara vez del castillo. "Mi papel en la actualidad —decía ella— es encerrarme por completo en mi interior y procurar mediante una total inacción hacer olvidar toda impresión sobre mí y no dejarles otra que la de mi valor. No debo, pues, tener ninguna marcada influencia ni en lo que se refiere a la colocación de personas ni en otros asuntos. Espero que el tiempo apaciguará los espíritus y volverá a ellos la confianza en lo que respecta a la pureza de nuestras intenciones. Es imposible que no se vuelvan a nosotros cuando vean y conozcan nuestra verdadera manera de pensar".

Pero Francia ya no quería a la reina. Persistían las coplas y las tonadillas injuriosas bajo sus ventanas. Piezas de teatro, biografías y confesiones inventadas a placer; fábulas, cuentos, burlas, todo formaba parte del complot para terminar de hacerla impopular. Hubo un momento que se temió por su vida. Los amigos que la rodeaban tuvieron noticias de que se la quería envenenar por lo que se tomaron las medidas necesarias para cuidarla, y detuvieron a un hombre que trató de apuñalarla. Aterrorizados, los moderados de la Asamblea, trataron de persuadir a la reina de que se alejara por algún tiempo de Francia. María Antonieta se negó a salir. Jamás abandonaría al rey y al Delfín.

Cada día eran mayores las preocupaciones y sinsabores. Al otro lado de la frontera, Condé y el conde de Artois, presionados por Calonne, se batían. Consideraban organizar con la ayuda extranjera una cruzada contra la Revolución, entregando así al rey y a los suyos, sin defensa, al odio de sus enemigos. En vano dirigía la reina carta tras carta a su hermano José II; en vano suplicaba que frenase el celo de las pretensiones de esos peligrosos "salvadores". José murió y Leopoldo que le sucedió, no sentía hacia su hermana los afectuosos sentimientos de su hermano mayor.

Después de un exilio voluntario de cinco semanas, reapareció Mercy en la corte; El conde Axel de Fersen había vuelto también y se entrevistaba con la reina a pesar de los espías de Lafayette y de las malignas intenciones de Saint-Priest. La familia real había *obtenido* el permiso de pasar el verano en Saint Cloud, donde los ayudas de campo del "americano" —así llamaba Fersen a Lafayette— vigilaban constantemente al rey y a la reina. A pesar de ello, Axel había recibido la orden del rey de Suecia de entrar en conversación con la familia real de Francia para "tratar sobre las medidas a adoptar..." Deseaba que Luis XVI y María Antonieta se alejaran de París ¿Cómo restablecer la autoridad real —decía— mientras el rey se encuentra prisionero?. No se trataba de que abandonaran Francia sino de que se trasladaran con el Delfín a alguna ciudad fronteriza donde pudieran estar seguros.

Este éxodo también había sido aconsejado por Mirabeau, que logrando acercarse a la corte, pidió audiencia para ver a la María Antonieta. Después de dudarlo mucho, la reina le concedió la entrevista en uno de los rincones del parque de Saint-Cloud. Al cabo de tres cuartos de hora, Mirabeau, conquistado por la sencillez y por la 'orgullosa dignidad' de la reina, le pidió permiso para besarle la mano. Dice en los documentos históricos que cuando se despidió de María Antonieta, murmuró: "Señora, la monarquía está salvada". Y que al reunirse con su sobrino que le aguardaba a la entrada del parque, le comento: "Ella es muy grande, muy noble y muy desgraciada, pero yo la salvaré". Después agregó: "El rey no tiene más que un hombre: su mujer".

Poco después, Mirabeau dirigía una carta a la reina en la que exponía un arriesgado plan que podría desatar una guerra civil "algo necesario —decía—. Fuera de ella... no hay salvación". María Antonieta se negó a recibirlo por segunda vez y algunos meses más tarde, el 2 de abril de 1791, el gran tribuno sucumbía. Aquel día la reina, triste, comentó con el rey: "Nos ha sido arrebatada nuestra última oportunidad".

Nuevas penas iban aumentar sus pesares, María Antonieta vio cómo uno tras otro se marchaban sus amigos más queridos. De las cuatro personas que gozaban de la confianza de los reyes, sólo Fersen se encontraba en París. El general Bouillé mandaba en Metz. Breteuil y Mercy se habían refugiado en Bruselas. La gravedad de los acontecimientos hacían cada día más íntimas las relaciones de María Antonieta y Axel. Observador, agente diplomático de Gustavo III de Suecia, confidente, consejero, secretario de Luis XVI y de María Antonieta, Fersen se entregaba por completo a la tarea que se había impuesto: salvar a la familia real. Entretanto María Antonieta se crecía ante las circunstancias. A aquellos que querían hacer entrar tropas extranjeras a Francia, les expresaba que a ningún precio quería una invasión armada. Lo que ella deseaba era 'un simulacro' en las proximidades de la frontera. El rey se colocaría a la cabeza del ejército francés. Ante esta firme actitud "el emperador se retiraría y Luis XVI volvería a París como salvador".

Este proyecto no convenció al emperador Leopoldo ni a las grandes potencias que estaban involucradas. Leopoldo había respondido a Bouillé: "Ya conocéis el proverbio que dice 'ayuda y se te ayudará'. Esto quería decir que se inclinaba por la huída y a María Antonieta le indignó. Luis XVI lo rechazó orgullosamente: "Un rey no puede abandonar a su pueblo" —dijo.

Quince días después de la muerte de Mirabau, que había sido el último valedor, el 18 de abril a las diez de la mañana, cuando la familia real se preparaba para trasladarse en conche a Saint Cloud, los guardias nacionales, apoyados por la multitud, se opusieron brutalmente a esta marcha.. Por más que Lafayette quiso hacer valer su autoridad dispuesto a emplear la fuerza para hacer respetar la ley, no pudo hacer entrar en razón al populacho. El rey y la reina eran prisioneros de la Revolución.

Ante tantas emociones, atentados, ultrajes y envilecimientos, Luis XVI acabó por aceptar lo inevitable. Partiría con su familia para refugiarse en Metz, el cuartel general de Bouillé. Esta resolución fue anunciada por María Antonieta a Mercy en los siguientes términos:

> *Nuestra posición es espantosa y ha llegado a tal punto que tan sólo viéndola puede hacerse idea... Creed que no exagero los peligros. Sabéis que mi estrategia ha sido, en tanto he podido, la dulzura, el tiempo y la opinión pública; pero hoy todo ha cambiado... Hay que perecer o tomar*

un partido, el único que nos queda... Y éste es que el rey pueda mostrarse libremente en una plaza fuerte y se asombrarán del número de descontentos que surgirán y que hasta entonces gemían en silencio...

El plan era el siguiente: el marqués de Bouillé enviaría algunos destacamentos delante de los fugitivos hasta llegar éstos a Montmédy, plaza fuerte, ciudad fronteriza "muy a las puertas de Luxemburgo". Se evitaría Reims donde el rey corría peligro de ser reconocido; y se tendría que pasar por Chálons, Saint-Menehould, Varennes, Dun, Stenay... La ruta de Flandes era la más corta y también la más segura. Pero, para entrar en Montmédy, hacía falta salir de Francia. Y, con ningún pretexto, Luis XVI quería abandonar el reino.

La reina se encargó, con Fersen, de la salida de París. Ante todo era necesario alejarse del castillo sin ser vistos. Las Tullerías eran custodiadas por seiscientos hombres armados divididos en secciones. En los patios, en el jardín, a lo largo de la terraza, por todos los sitios se encontraban centinelas. Dos caballeros vigilaban la puerta. En el interior, las dificultades eran aún mayores. Los pasillos que conducían a los departamentos del rey y de la reina estaban vigilados. Igualmente vigilaban el pequeño corredor que daba acceso a la escalera oculta. Ni el rey ni a reina podían salir sin la compañía de varios oficiales. ¿Cómo poder evadir tanta vigilancia? Había una posibilidad: se podía aprovechar el cambio de guardia a las once de la noche. Justo cuando varias personas salían al mismo tiempo, una vez en que se daba por terminado el servicio.

Fersen había conseguido dos pasaportes: uno para el rey y otro para la reina. La señora de Tourzel les acompañaría bajo el nombre de baronesa de Korff. Luis XVI pasaría como su ayuda de cámara y María Antonieta como institutriz de sus hijos. Madame Elizabeth sería una señorita de compañía. Tres viejos guardias de *corps*, Valory,

Moustier y Malden, disfrazados de correos, se reunirían con Ferseb cerca del puente real.

El 20 de junio a las diez y media de la noche, María Antonieta conducía a la señora de Tourzel, a madame Royale y al Delfín, vestido de niña, hacia un coche de alquiler que se hallaba estacionado en el patio de los Príncipes. La reina fingió dar instrucciones a Fersen, disfrazado de cochero. El coche partió. Atravesando la plaza de Luis XV tomó por la calle de Saint-Honoré, luego por la calle de la Escala y se detuvo no lejos de la plaza del Pequeño Carrusel donde el rey y la reina lo encontrarían a media noche. En tanto llegaba la hora, María Antonieta se dejó desnudar por sus doncellas y después se acostó. Una vez apagadas las luces se levantó, se vistió en la oscuridad con un traje de seda gris y se puso un sobrero negro con un velo. Cuando se reunió con sus hijos, madame Elizabeth y el rey se encontraban cerca de ellos. Luis XVI estaba casi irreconocible con sombrero redondo, peluca y capa verde botella.

Toda la familia se acomodó en el coche de alquiler. Axel montó en el pescante y fustigó a los caballos. Daba la media noche. En la barrera de Saint-Martin, Fersen se detuvo, saltó al suelo y se alejó. Su ausencia se prolongó. Buscaba en las sombras la inmensa berlina que había hecho construir para los fugitivos. Cuando la encontró ya estaba enganchada por varios caballos. Comenzaba a despuntar el día cuando la berlina que llevaba a la familia real y la señora Tourzel se detuvo ante la casa de postas de Bondy. El rey no había querido que Axel les acompañara más lejos. Habían acordado que él tomaría el camino a Flandes y bordeando la frontera se reuniría con la familia en Montmédy. La despedida fue breve, sólo unas cuantas palabras en voz alta para engañar a los postillones: "Hasta la vista, señora de Korff".

El 22 de junio, el conde de Fersen estaba en Mons. Se encontraba con Monseñor y Madame que habían abandonado París la víspera. En la calle un monje le preguntó si el rey "estaba a salvo". Al día siguiente, a las once de la noche, apenas entró en Arlon, el conde se enteró por boca del mismo Bouillé que todo estaba perdido. Habían detenido al rey en Varennes, a dieciséis leguas de la frontera.

De regreso a París

La familia real llegó a París bajo un ardiente sol en medio de una inmóvil y silenciosa multitud, entre dos filas de guardias nacionales con las culatas de sus fusiles al aire como al paso de un carro fúnebre. Ante las Tullerías estalló el furor popular, lanzando imprecaciones y feroces amenazas. Desbordada la guardia, los diputados y Lafayette restablecieron el orden. El duque de Aiguillon y el vizconde de Noauilles, salvaron a la reina de aquella furia.

Instalada nuevamente en la Tullerías y con la complicidad de sus fieles servidoras, la reina pudo intercambiar correspondencia con el conde de Fersen. Él quería saber de los fallidos sucesos en Varennes y ella le contaba de la estrecha vigilancia que sobre ellos había impuesto Lafayette, convirtiendo el castillo en una verdadera prisión.

María Antonieta se había asegurado un aliado con el que conversaba largamente durante el encierro. Era un constitucional llamado Barnave y los había acompañado en el camino de regreso a París. Este joven trataba de convencerla de que había que persuadir al Luis XVI para que aceptara la Constitución de acuerdo al programa impuesto por el *Triunvirato*. "Si la reina se aviene a ello, renacería la confianza" —le aseguraba. Se pretendía conseguir el retorno de los príncipes (Monseñor y el duque de Artois) y de impedir que el emperador se aliara a los prófugos y a las potencias hostiles a Francia. La reina dudada antes de dar un paso en falso para acercar a sus cuñados, pues alrededor de ellos estaban todos sus enemigos personales, los que desde hacía 20 años no cesaban de pagar para que aparecieran las terribles coplas y calumnias en su contra. Y tenía razón en desconfiar, puesto que no tardaría en enterarse que los príncipes habían enviado una carta-manifiesto que dejaba desprotegido al rey. El único amigo en quien confiaba era el conde de Fersen.

Al cabo de los días, las medidas de vigilancia en el castillo se hicieron menos estrechas y la reina pudo aprovechar libremente parte de sus noches para escribirle a Mercy, a Breteyil, al emperador, a Fersen y a otras amistades. Les escribía largas cartas en clave o con tinta 'mágica' o jugo de limón. Axel le anunciaba que pretendía visitarla a lo que María Antonieta recomendaba prudencia, que se conformaba con saber que él estaba bien . Le decía que estaba dedicada al cuidado de sus hijos: "Esta ocupación, que no es la menor, constituye mi única felicidad. Cuando me encuentro más triste, tomo a mi hijo en los brazos y lo estrecho contra mi corazón y ello me consuela de momento. Adiós."

Una noche Fersen llegó subrepticiamente a las Tullerías. Sabía de la puerta secreta que conducía a los departamentos de la reina y se presentó en su habitación. Hacía ocho meses que no se veían y dicen los relatos que esa noche charlaron largamente sobre la detención en Varennes y de los nuevos amigos 'constitucionalistas' de la reina. Parece que Axel se mostró celoso. Platicaron también de los asuntos de la política exterior que amenazaban a Francia y que estaban en manos de los príncipes, quienes se negaban a regresar a Francia, reavivando la desconfianza popular. Luis XVI había puesto un veto a los decretos relacionados con los prófugos y con los sacerdotes constitucionales, lo que ponía aún más en peligro a la familia real. Entonces, Fersen propuso una nueva evasión, pero Luis XVI rechazó el plan, justificándose una y otra vez:

> *Sé que me tachan de débil e irresoluto, pero es que nadie se ha encontrado nunca en mi situación. Me falló el momento: fue el 14 de julio... Pero qué hacer si Monseñor*

me rogaba él mismo que me quedara y el mariscal Broglie me respondía: 'Sí, podemos ir a Metz, mas ¿qué haremos cuando estemos allí?' Y repetía: Me falló el momento y después no lo he vuelto a encontrar. ¡Todo el mundo me ha abandonado!

Por Axel supo María Antonieta la muerte de su hermano, el emperador Leopoldo y asesinato del rey de Suecia, Jorge III; y por ella supo Axel que Francia había declarado la guerra al 'rey de Hungría y de Bohemia'.

El 21 de junio (1792), después de aquella sedición por la cual fueron invadidas las Tullerías por hordas abigarradas y en el que el municipal Mouchet encasquetó al rey un bonete rojo, mientras el 'tirano' impasible y valeroso veía desfilar miles de hombres y mujeres que le gritaban atroces injurias blandiendo hachas y picas, la reina comentaba en una carta al conde de Fersen que "ahora ya no sólo la querían a ella sino la vida misma del rey". Pero ese día, el pueblo también injurió a María Antonieta que no inclinó nunca la cabeza. "Había enfrentado con orgullosa tranquilidad a la horda furiosa".

Esto solamente había sido una 'gran advertencia' porque el 9 de agosto a media noche se oyó la señal de la insurrección. Horas más tarde, al salir el sol, los grupos de insurrectos aparecieron alrededor de las Tullerías. Por todas partes se escuchaba los gritos de: "¡Abajo el rey!... ¡Viva la Nación!". Y cuando el rey se vio perdido no se le ocurrió otra cosa que refugiarse en la Asamblea con su familia. María Antonieta le pidió que no abandonara la lucha pero ante la realidad de un pueblo enfurecido terminó por seguir al rey.

En el palacio del Temple

Había llegado la noche. Después de cenar en el palacio del Temple, la familia real fue conducida a la luz de las antorchas a una pequeña torre adosada al edificio. Por medidas de seguridad los habían trasladado a este lugar. La reina quedó instalada en el segundo piso y el rey en el primero, justo debajo de su alcoba. El cuarto del Delfín estaba separado por un gabinete del de María Antonieta. Madame Elizabeth, la princesa de Lamballe, la señora de Tourzel y su hija Paulina, las damas Thibaut, Bazire, Navarre y Saint-Brice, camareras de la reina tuvieron que instalarse de manera provisional.

Se había acusado al rey y a la reina de ser cómplices de los prófugos que en el extranjero solicitaban la intervención de las grandes potencias, y fueron realmente destronados el 21 de septiembre de 1792, día en que quedó proclamada la República. La multitud armada de los revolucionarios había destruido a su guardia suiza quedando definitivamente privados de toda protección; y no pudiendo hacer otra cosa para salvar sus vidas y las de sus hijos, se trasladaron a la sede de la Asamblea legislativa reunida en forma permanente. Fue entonces cuando el rey dijo apenado, al contemplar en los jardines de las Tullerías los árboles que amarilleaban tempranamente: "Las hojas caen pronto este año". —y parece que ésta fue la única frase de Luis XVI que se presta a interpretaciones alegóricas—. En aquel momento estalló el griterío alrededor de él. Desde lo alto de las Bernardas, las injurias caían en abundancia. María Antonieta fue encerrada de inmediato, junto con toda la familia y las personas cercanas a ella, en el palco del *Logographe*, situado detrás del sillón presidencial. Después de diecisiete horas en ese palco todos fueron conducidos a las Bernardas donde los instalaron en condiciones muy precarias.

El 13 de agosto a las seis de la tarde, el procurador de la Comuna hizo que trasladaran a la familia real al Temple. La monarquía quedaba "encarcelada". Ese día se enteraron que estaban acondicionando la gran Torre para ellos, que con esto mejorarían sus condiciones de habitación, pero también que no podrían tener contacto con el mundo. Seis días después, el 20 de agosto, dos comisionados de la Comuna legaron a buscar a las personas ajenas a la familia real y se las llevaron. De los antiguos servidores del rey y de la reina sólo quedaba Hué, su ayuda de cámara, al que se le sumó Cléry y un matrimonio, los Tison, para que se ocuparan de los trabajos mayores. Por lo demás, estaban rodeados, día y noche, de comisarios, oficiales comunales, gendarmes y guardias que espiaban hasta sus mínimos movimientos. Uno de ellos era el zapatero Simón, encargado de controlar los gastos.

El 3 de septiembre volvieron los insurrectos, ahora afuera del Temple. Primero se oyeron sonar tambores, cuyo ruido se fue mezclando poco a poco con gritos injuriosos e insultantes. Dicen las crónicas que los reyes trataron de acercarse a una ventana pero que se les adelantó el municipal Menessier que corrió las cortinas e impidió que María Antonieta se asomara. "¿Qué pasa?" —preguntó el rey—. "¿Qué quiere que pase? —respondió in guardia— ¡Os traen la cabeza de la Lamballe! La reina cayó desvanecida.

Menos de tres semanas más tarde, nuevos clamores estremecieron a los prisioneros. Las trompetas sonaron y en medio de un gran silencio una voz estentórea proclamó la República. Tras los muros de siete pies de espesor el Temple albergaba sólo a la familia Capeto: Luis, Antonieta, Elizabeth y dos niños, María Teresa y Luis Carlos. Poco después Hué fue arrestado y el servicio personal se redujo a Cléry y a los Tison, éstos últimos otros espías más.

En el cautiverio en el Temple, los días eran todos iguales. El rey se levantaba a las seis de la mañana, hacía su tocado, decía sus oraciones y se ponía a leer. Cléry se presentaba en la habitación de la reina y le arreglaba el cabello a ella, a madame Elizabeth y a María Teresa. Vestidas con una bata de tela blanca y tocadas con un bonete de linón, las mujeres se reunían con el rey para desayunar y de ahí pasaban a la habitación de María Antonieta, donde Luis XVI se ocupaba de la educación de su hijo y la reina de su hija. A las once se ponían a coser, tejer o a hacer labores de tapicería. Al mediodía se cambiaban de vestido en la habitación de madame Elizabeth ante los ojos escudriñadores de sus guardianes y María Antonieta salía con un traje color castaño, cuya tela tenía flores diminutas.

Cuando hacía buen tiempo, la familia salía a los jardines siempre cuando contaran con el permiso del Consejo. Ahí Luis XVI jugaba a la pelota con su hijo mientras María Antonieta y las princesas los contemplaban desde una banca. A las dos subían a sus habitaciones y les servían la comida, la cual era examinada minuciosamente por los oficiales. Después de comer, Luis XVI jugaba al piqué, a las tablas reales o al ajedrez con su mujer y con su hermana. Más tarde, sentadas cerca del rey, las princesas leían, mientras Cléry daba la lección de escritura al Delfín. Al atardecer, la familia se sentaba alrededor de la mesa y la reina leía en voz alta un pasaje de la Historia o algún tema moral. A las ocho de la noche todos asistían a la cena del Delfín, que tras terminarla era desvestido por Cléry mientras la reina le hacía recitar sus oraciones en voz baja para que los guardias no lo oyesen.

Se había podido arreglar de manera clandestina que como a las siete, un pregonero, pagado por la señora Cléry, se colocara bajo los muros del Temple y gritara en varias sesiones el contenido de los periódicos. Escondido en el gabinete del rey, sin luz en aquel momento, Cléry escuchaba el resumen y así podía informar después a sus amos lo que ocurría en la Convención Nacional, la Comuna y el ejército. A las nueve de la noche el rey cenaba en sus habitaciones; mientras, la reina o madame Elizabeth permanecía con el Delfín. Antes de retirarse, el rey se iba a despedir de la familia; después, todos se encerraban en sus respectivas habitaciones y se preparaban para dormir.

Luis XVI y María Antonieta no podían hablar nunca a solas pues siempre estaban dos comisarios presenciando su conversación. Durante los paseos en el jardín, los oficiales de la Guardia se burlaban de los esposos, imitando sus movimientos y haciéndoles muecas. Los artilleros repetían incesantemente coplas y tonadillas populares llenas siempre de injurias. Sin embargo, había algunas personas, muy pocas por cierto, que frecuentaban la corte y los trataban con consideración y respeto. Uno de ellos era Turgy, mozo que servía en el Temple y había pertenecido a la Casa del Rey. Con él crearían un extraño modo de comunicación a través de papeles colocados de diferentes maneras en las bocas de las garrafas, que significaban diversas cosas. María Antonieta y madame Elizabeth crearían también un lenguaje basándose en la mímica.

Tampoco todos los comunales eran insolentes y groseros como Simón, el zapatero, pedantes como Le Clerc o viles y crueles como el malvado poeta Dorat-Cubierres, antaño "vulgar cortesano, soso y adulador" y entonces prosternado ante Marat y Robespierre. Como buen descamisado, había jurado ante el altar de la patria "ahogar en sí todas las debilidades humanas". Pronto llegaron a humillar, "a pisotear a los 'tiranos', al 'gordo Luis', a la 'tigresa austriaca' manchados con la sangre de los patriotas". Y he aquí que se encontraban frente a un hombre sencillo, modesto y familiar que empleaba los días en leer e ilustrarse, que no se enfadaba en la mesa y que roncaba con fuerza por la noche. En cuanto a la 'architigresa', se daban cuenta que ella se enfrentaba con nobleza a los golpes de suerte, que era afable y simpática, y sobre todo una buena madre que cuidaba y protegía a sus hijos a quienes adoraba. Cuando entraban con el sombrero puesto, con la amenaza y la injuria en los labios, muchos se descubrían e inclinaban ante tanta grandeza. Conmovidos por aquella seducción que emanaba de la reina y hacía inclinar en otros tiempos tantas frentes ante ella, los más exaltados, los más feroces, los más incorruptibles —Toulan, Lepître. Goret, Dangé, o Moelle, por ejemplo—, se convertían en sus más decididos partidarios, en los más desinteresados, en los más fieles.

Una mañana llegaron cinco o seis comunales a la

habitación donde se encontraba la familia real. Uno de ellos, Charbonnier leyó ante el rey un decreto que ordenaba llevarse los papeles, tinta, plumas, lápices e incluso los escritos que se encontraran tanto en las personas de los detenidos como en sus habitaciones, así como al ayuda de cámara y a otras personas al servicio de la Torre. Los reyes, sin chistar, entregaron todo a Charbonnier.

Aquella misma noche el rey fue trasladado a la gran Torre y tres semanas después trasladarían a la reina a un departamento preparado para ella en el tercer piso. En la planta baja se hallaban los miembros del Consejo del Temple; el primer piso servía para el cuerpo de guardia. El rey compartía el segundo con su hijo, que le habían devuelto. Sin embargo, la familia convivía poco tiempo. El rey y sus hijos iban y venían sin hacer algo fijo, mientras la reina permanecía confinada en su habitación haciendo labores de costura. En ese lugar sombrío jamás se veía un rayo de sol ni podía verse nunca el cielo, y además, cada día eran vigilados más severamente por los comunales y espiados por los Tirson.

A principios del mes de diciembre se les recogieron cuchillos, navajas y cortaplumas, y el rey tuvo que entregar a los comisarios su mondadientes y hasta su encendedor. La reina y las princesas les dieron sus pequeños utensilios de trabajo. Sin embargo, se les autorizó conservar los tenedores aunque oyeron que se los recogerían al terminar la comida. Cada día les traía una nueva sentencia, una nueva tiranía y la crueldad de los comunales.

Una mañana Turgy llevó un periódico donde María Antonieta, prevenida por Cléry, pudo leer el decreto que ordenaba "citar a Luis Capeto ante la Convención Nacional". Iba a dar comienzo el proceso del rey. El 11 de noviembre de 1792, a la una de la tarde, Chambón, el Alcalde de París, Chaumette, el procurador de la Comuna, Colombeau, el escribano y Santerre con sus ayudantes de campo, fueron en busca del rey para conducirlo ante la Convención. El proceso duró más de dos meses en los cuales Luis

XVI estuvo incomunicado por completo con su familia. El juicio se fijo para el 16 de enero de 1793 y María Antonieta supo el día 20 que el rey había sido condenado a muerte.

Hacia las ocho y media de la noche, un comisario fue a buscar a la familia real para conducirla al departamento del rey. Permanecieron todos juntos hasta las diez y cuarto en el pequeño comedor de cristales, vigilados todo el tiempo por cuatro comunales que se hallaban, del otro lado, cerca de la estufa. La reina quería pasar aquella noche con el rey pero no se lo permitieron. Él necesitaba estar solo, prepararse para la muerte —le dijeron—. María Antonieta peguntó, aún:

—¿Pero nos veremos mañana por la mañana?
—Sí, a las ocho —le respondió el rey.
—¿Por qué no a las siete? —volvió a implorar la reina.
—Está bien. A las siete... ¡Adiós!
María Antonieta se separó de los brazos que la retenían y volvió a decir:
—¡Adiós! ... ¡Adiós...!

Aquella noche María Antonieta no durmió esperando el llamado de su esposo. De pronto, se estremeció. En el mismo Temple daban el toque militar matutino. Los cascos de los caballos golpeaban las losas del piso y los artilleros juraban en voz alta. Eran las cinco de la mañana. Oyó que daban las siete y después las ocho. A las nueve, María Antonieta escuchó que abrían las puertas de la Torre. Enseguida sonaron los tambores y las trompetas. El rey acababa de salir. Una hora después, las salvas de artillería resonaron seguidas de grandes gritos: "¡Viva la Nación!... ¡Viva la República!".

La separación

María Antonieta recibió vestidos de luto: un abrigo, un mantón y una blusa, además de guantes de seda negra y dos mantillas para la cabeza negras también. Había descubierto que en lo más alto de la Torre había una galería circular rodeada de un parapeto. Allí iba a sentarse cada día con su cuñada y sus hijos; ahí pasaba largas horas con los ojos fijos en un anillo, un sello y algunos cabellos, objetos que pertenecieron al rey y que Cléry había rescatado de la Comuna, donde habían sido confiscados.

La Comuna no se olvidaba de sus prisioneros. Desconfiaba de Toulan y de Lepître, a los cuales reprochaba mantener conversaciones secretas con la reina y con madame Elizabeth. En verdad, Toulan proyectaba llevarse a la familia real a Normadía y se había elaborado un minucioso plan, pero el complot fracasó al ser denunciado por los Tison. El 20 de septiembre se descubrió en poder de los prisioneros un lápiz, cera, hojas de papel... A partir de aquel día la vigilancia se hizo más estrecha. Sin embargo, Jarjayes y Toulan no perdían la esperanza de salvar a la reina. María Antonieta se negó ¿Marchar sin sus hijos y sin su cuñada?

Ella pudo hacer llegar una nota a Jarjayes en la que le decía:

> *Ha sido un hermoso sueño; eso es todo; sin embargo, hemos ganado mucho al encontrar en esta ocasión una nueva prueba de vuestra completa devoción hacía mí. Mi confianza en vos no tiene límites. Encontraréis siempre en mí fuerza y valor, pero el interés de mi hijo es lo único que me guía y cualquier felicidad que pudiera experimentar estando fuera de aquí sería imposible separándome de él... No podría gozar de nada dejando aquí a mis hijos y la sola idea me causa pena.*

Jarjayes iba a salir de París cuando recibió otro mensaje de la reina que terminaba con las siguientes palabras:

> *Lo que os adjunto (una sortija), deseo que lo remitáis a la persona que el invierno último vino a Bruselas y que le*

digáis al mismo tiempo la divisa nunca ha sido más verdad. (Se refería al conde Axel de Fersen).

Con el barón de Batz y los comunales Cortel y Michonis, se sucedieron nuevos proyectos que podían favorecer a los prisioneros. Mas por desgracia, los Tison vigilaban y quién sabe cómo le llegó la noticia al zapatero Simón de que algo se tramaba. Los registros hechos por Hébert fueron infructuosos y evasión planeada por Toulan fracasó. Después, una mañana de junio la señora Tisón sufrió un ataque de pánico y se arrojó a los pies de la reina, suplicándole su perdón por considerarse la causante de su muerte y la de madame Elizabeth. La señora fue a dar al hospital, convulsionada.

El comisario al cual se había dirigido la Tison, M. Follope, se había guardado su opinión; la denuncia y la escena que le había seguido no fueron más que un delirio, así, pues, arrojó la denuncia al fuego. Parecía que el incidente se había olvidado, cuando el 31 de julio, hacia las diez de la noche, entraron seis comunales en la habitación de la reina: "El Comité de Salud Pública —dijo uno de ellos—, decreta que el hijo de Capeto sea separado de la madre". María Antonieta suplicaba que no la apartaran de su hijo, "¿Qué van a hacer con él? — preguntó. La tranquilizaron diciéndole que se trataba de darle un preceptor, pero dicen que cuando supo que la Comuna había escogido al zapatero Simón, ahogó un grito de horror.

El 2 de agosto a las dos de la madrugada, entraron en su habitación cuatro policías para leerle un decreto de la Convención: iban a incoarle proceso. Cuando estuvo vestida, se le registro, despojándola de todos los objetos personales que le quedaba: un carnet verde, una cartera en tafilete rojo guarnecida de tijeras, agujas e hilo; mechones de los cabellos de su marido y de sus hijos, una sortija, un espejo de bolsillos, y otras pequeñeces, recuerdos de sus amistades. Hicieron con todo un paquete, mientras, María Antonieta, haciendo acopio de entereza, abrazaba a su hija. Al descender por la escalera de la Torre, se dio un fuerte golpe contra el postigo: "¿Os habéis hecho daño?" —preguntó uno de los custodios—. "¡Oh no! —dijo la reina— ya nada me puede hacer daño".

En la Conserjería

Eran cerca de las tres de la madrugada cuando los gendarmes de la escolta llamaron a la puerta de la Conserjería dando golpes con la culata de sus fusiles. Precedida por gendarmes que iluminaban el camino con antorchas, la reina y los policías tomaron un largo pasillo que desembocaba en una sala baja que antaño sirviera de *Cámara del Consejo*. Los gendarmes se quedaron en la entrada. La reina fue registrada nuevamente y los policías se retiraron.

En el calabozo con la prisionera

María Antonieta durante su estancia en la Conserjería. El último Capeto y su mujer pagan siglos de errores.

nada más estaban la mujer del Conserje, señora Richard y su joven sirvienta Rosalía Morlière, que la miraban asombradas ¿Ésa era la reina que describían como un monstruo, como el azote de Francia? "Su rostro estaba demacrado, los párpados hinchados y enrojecidos por el llanto, la nariz pizcada, tenía la boca hundida, descolorida, sin sonrisas"; Llevaba un vestido negro, gastado bajo el brazo y deshilachado en los bordes como consecuencia del roce con el pavimento. Un mantón cruzaba su pecho. Se tocaba con un gorro de tela que le caía por la espalda y que un velo negro recubría en parte. Sus cabellos, casi blancos, conservaban en algunos lugares un poco del oro que les había lustrado.

Esa noche tampoco durmió. Al amanecer entraron dos gendarmes, colocaron sus armas en un rincón se sentaron tras un biombo desplegado de un lado a otro del calabozo. La conserje, que les había abierto la puerta, le presentó a una mujer muy vieja, la madre del llavero, a quien habían designado para que se quedase cerca de ella. Poco después, esta mujer fue reemplazada por la esposa de uno de los empleados de la Conserjería, la señora Harel.

Dicen los testimonios de la época que en la Conserjería, como antes en el Temple, María Antonieta despertó entre quienes se acercaban a ella, una compasión mezcla de admiración y respeto. Jamás se le oyó quejarse. Palabras y actitud, todo era en ella calma, mesura y dignidad. A los ojos de Richard y de su mujer, a los ojos de Rosalía, seguía siendo la reina. Para acercarse a ella esperaban siempre que se lo pidiera "con aquella voz dulce y aquella mirada llena de simpatía".

Como la señora Richard era una cocinera hábil e ingeniosa le servía alimentos delicados, y cuando su marido iba por las provisiones, las vendedoras que sabían para quién era aquel suministro, escogían sus pollos más gordos, y con frecuencia ofrecían al carcelero sus mejores melones y frutas, diciendo "para nuestra reina". Algunos de sus guardianes y gendarmes se apiadaban y le llevaban flores.

María Antonieta se levantaba temprano, calzaba sus zapatillas y hacía su tocado. Tenía una botella de agua para el aseo de sus dientes, una caja de polvos, una borla de *cirse*, una cajita de pomada, un bidet en badana roja en la callejuela. Muchas cosas le faltaban, entre otras las bañeras de porcelana y el agua de rosas que le facilitaban en el Temple para lavarse los ojos, cada vez más enfermos. Se le había negado un espejo pero Rosalía le ofreció el suyo.

En torno de María Antonieta los corazones se dulcificaban a pesar de las órdenes inhumanas de Hébert y de Fouquier, el fiscal, y a pesar del *Padre Duschesme*, que ya entonces pedía su cabeza. Afuera, los amigos velaban por ella. El barón de Batz rondaba la Conserjería; los jefes de la policía Michois, Michel, Jobert y Marino, la visitaban con frecuencia, así como otras personas impulsadas por la curiosidad o la simpatía. Entre estos desconocidos se encontraba una señorita de nombre Fouché, sencilla y piadosa que compraba a peso de oro la complacencia de los carceleros. La acompañaba en sus visitas un hombre alto, de cara larga, con aire grave y dulce. Era el abate Magnin, un sacerdote constitucional. La señorita Fouché logró hacerlo entrar en el calabozo de María Antonieta y gracias a ello la reina pudo confesarse y comulgar.

En los últimos días de agosto visitó el calabozo de la reina un antiguo conocido de la corte, coronel de granaderos de una fidelidad y un valor a toda prueba. Ella recordó que su nombre era Rougeville y este buen hombre le llevaba una esperanza en un mensaje que escondió entre los pétalos de un clavel que arrojó al suelo: era un plan de evasión. Cuando la reina quiso comprar la complicidad de uno de los gendarmes que la vigilaban ofreciéndole la cantidad de dinero prometida por Rougeville en su nota, el gendarme aceptó primero, pero después, reflexionando en lo peligroso del asunto, acabó por arrepentirse y este nuevo complot se fue al fracaso. Mas Gilbert, que así se llamaba el gendarme, advirtió a sus jefes, quienes dieron parte al

Comité de Seguridad General de la Convención, que a su vez envió de inmediato a los representantes del pueblo Amar; Cailleux y Sevéstre a la Conserjería. Se hizo una minuciosa investigación entre las personas que estaban cerca de María Antonieta; se registró su calabozo varias veces a diferentes horas del día y de la noche; se hicieron examinar por especialistas las ventanas para comprobar la solidez de los barrotes; se registraron los precarios muebles y pertenencias, y hasta la misma persona de la reina. El escribano del Tribunal se apoderó de sus últimas alhajas y se llevó su ropa blanca. Los diputados la interrogaron una y otra vez, e igualmente lo hicieron con Harel, Michonis, los gendarmes, la señora Richard y la viuda de Dutilleul. María Antonieta confesó lo que era imposible negar pero no delató a nadie, ni dio nombres. Cuando se le reprochó "quererse reunir con su familia en guerra con Francia" ella replicó con voz firme: "Mi familia son mis hijos; no puedo estar bien más que con ellos; y sin ellos en ninguna parte".

Esta investigación terminó con la prisión de los Richard, un redoblamiento de los rigores para con la reina y con Michonis encarcelado el 8 de septiembre en la Conserjería. A María Antonieta se le encerró en un calabozo más seguro que el primero, le cambiaron de carceleros y le quitaron a su doncella. Este lugar, casi oscuro de día, era muy húmedo y pronto la reina lo resentiría: sufría vértigos y pérdidas de sangre cada vez con más frecuencia que le obligaban a permanecer tendida sobre el lecho, pálida y aterida. Los nuevos conserjes, los Bault, se apiadaron de ella y dentro de sus restringidas posibilidades le proveían de algún recurso que amortiguara la humedad del cuarto y conservara algo de privacidad puesto que la tenían estrechamente vigilada.

La señorita Fouché, a base de ruegos y suplicas, logró que le permitieran visitar a la prisionera. Al darse cuenta de las condiciones en que estaba, se las ingenió para introducir a la celda mantas, medias de gruesa lana y ligas elásticas, y procuró también algunos alimentos y golosinas. Fouché se atrevió aún más, obtuvo permiso del carcelero para que el abate dijera misa en el calabozo. Por su parte, la hija mayor de los conserjes tomó a la reina a su cuidado y le arreglaba sus vestidos, sus pañuelos, medias y zapatos. Sus alimentos estaban controlados por el escribano del Tribunal, así como todo lo relacionado con el lavado de su ropa y aseo de su celda. María Antonieta apenas si probaba los precarios alimentos que le servía Rosalía, quien se preocupaba de que estuvieran frescos y bien cocinados. Pero la salud de la reinase deterioraba cada vez más; sufría frecuentes crisis nerviosas, seguidas por abundantes hemorragias. No le permitían hacer ninguna labor con qué entretener sus largas horas de soledad; no tenía más noticias de sus hijos que las muy vagas que Hué llevaba a la Conserjería y que el señor Bault se encargaba de transmitir. Parecía que la Revolución había olvidado a María Antonieta.

Después de unos días de misteriosa tranquilidad, las pesquisas recomenzaron de repente y el fiscal Fourquier-Tinvilles, personalmente, entró en el calabozo de la reina y se dedicó a examinarlo todo, hasta "por debajo de las losas del piso". María Antonieta comprendió que iban a juzgarla.

Una calumnia infame

La Revolución estaba en peligro. Después de la muerte de Marat, todo Francia no sufría más que reveses, enfrentamientos y desastres. Las provincias se sublevaban contra una capital golpeada por el hambre y sin ánimos de seguir luchando. En Bretaña, Normandía, Lyon y La Vendé, triunfaban los insurgentes. La caída de las dos plazas fuertes de Mayence y Valenciennes, abrían a los Aliados el camino de París. El duque de York sitiaba a Dunkerque, los austriacos amenazaban Peronne, los prusianos Alsacia, los piamonteses invadían la Saboya y los españoles asolaban el Rosellón. El 28 de agosto los ingleses entraban en un Tolón sublevado.

Pocos días más tarde, a la misma hora en que se había descubierto la 'conspiración del clavel', el Comité de Salud Pública se reunía secretamente en casa del Alcalde de París. En el curso de esta sesión que duró toda la noche, se firmó la detención de dos mil doscientos cincuenta ciudadanos de París, lo que debía llevarse a cabo "sin ruido". El Comité resolvió también la muerte de María Antonieta.

Cambón propuso guardar a la reina como rehén. Estaba en tratos —dijo— con Bruselas, Viena y Prusia. Herault Barreré, Jean Bon, Saint-André y Hébert le interrumpieron acusándolo de querer salvar a la prisionera. Uno de ellos declaró que la sangre de la reina era necesaria para que la ciudad de París fuera copartícipe de los destinos de la Convención. "La muerte de Capeto —señaló— había sido un hecho particular de la Convención; la de la reina será el hecho de París, del Tribunal y del ejército revolucionarios".

Hébert, hombre brutal, intervenía diciendo que él había prometido la cabeza de la reina y que él mismo se la cortaría si tardaban más tiempo en dársela. "La he prometido —exclamaba—, a los 'descamisados' que la piden sin cesar. El instinto de la República les impele a unirse a nosotros por ese sacrificio expiatorio..." Y todavía añadió: "Si se nos promete amnistía no la tendríamos porque no la podríamos tener; los apuñalarían o envenenarían en lugar de descuartizarlo. En esta posición, nosotros no podemos vivir más que para la venganza... Por eso es necesario que dé satisfacción a los 'descamisados'; sin embargo es aun necesario mantenerlos en su ardor, con la muerte de Antonieta".

Fouquier-Tinville, al ser consultado no ocultó su preocupación: "Los jurados no son seguros. Haría falta renovarlos... Cinco entre ellos están dispuestos a servir a la acusada. Otro, un tímido, un miedoso, me ha dicho ayer: 'Se debía envenenar a la reina para sacarnos esta espina del pie".

Lo cierto era que Fouquier carecía de pruebas para fabricar el acta de acusación y para justificar un veredicto pronunciado con anticipación hacia falta algo tremendamente escandaloso: unos de esos golpes teatrales que sublevaran al pueblo. Más que la reina, era a la mujer a la que hacía falta atacar, infamar, deshonrar...

El asunto se había estado cocinando desde hacía un mes con Hérbert, el más implacable enemigo de María Antonieta, cuando éste entregó al fiscal una prueba monstruosa. Pocos días antes, el maligno zapatero Simón, preceptor del Delfín, había sorprendido al niño de ocho años tocándose sus genitales por lo que se dedico a interrogarlo al respecto. Le preguntó que quién le había enseñado esos sucios juegos. ¿Su madre...? ¿Su tía...? El Delfín, inducido y presionado a responder lo que se esperaba de él, asintió. El zapatero se atrevió todavía a más: ¿Era lo que las dos mujeres hacían entre ellas en la cama?... ¿Tu madre te 'acercaba demasiado' a ella? El niño dijo a todo que sí.

El zapatero avisó a Hébert: "Te ruego que no faltes a mi solicitud para verte —le escribía—. Simón, tu amigo de siempre". Hébert de inmediato convocó a una delegación de la Comuna que presidida por el alcalde Pache se trasladó al Temple. Uno tras otro interrogaron a los hijos de la reina y el príncipe repitió lo sugerido por Simón. Después, cuando hicieron comparecer a María Teresa, una adolescente de quince años, y le hicieron las mismas preguntas, ella respondió, turbada, que "jamás había visto lo que su hermano afirmaba". Entonces se convoco a madame Elizabeth y cuando se le leyó la declaración de su sobrino ella indignada expresó que "no esperaba semejante infamia". El caso es que el Delfín sostuvo sus declaraciones aún cuando su tía le llamó 'monstruo' y les explicó a los delegados que desde hacía mucho tiempo, el niño tenía esa costum bre: Él debe recordar que su madre y yo le hemos reprendido muchas veces por ello.

El sábado 12 de octubre a las seis de la tarde, un ujier

El delfín, Luis Carlos, último de los hijos de la pareja real. Encarcelado con su familia en el Temple, fue colocado bajo la vigilancia de un zapatero.

del Tribunal y cuatro gendarmes fueron a buscar a la reina para trasladarla a la Gran Cámara. Sentada frente al fiscal Fouquier-Tinville y el Presidente del Jurado Herman, María Antonieta respondió con inteligencia, dignidad y honestidad a cada una de las acusaciones que le hicieron. Durante los catorce meses de cautiverio, durante los setenta días que venía viviendo sepultada en vida en la Conserjería, buscó y encontró su verdadera grandeza y su verdadera fuerza. Aquí hemos considerado que vale la pena reproducir algunos fragmentos de la comparencia de María Antonieta ante el Tribunal:

–Diga su nombre, edad, profesión y lugar de nacimiento...

– María Antonieta, Lorena de Austria de treinta y ocho años de edad, viuda del rey de Francia.
– Tuvo alguna vez relaciones políticas contrarias a los intereses de Francia con el rey de Bohemia y Hungría
– No. Sólo relaciones amistosas. Fue mi hermano. Las relaciones políticas hubieran sido en provecho de Francia, a la cual pertenezco por mi matrimonio.

Tras esta iniciación vinieron una serie de discursos, utilizando el lenguaje revolucionario, relativos a la dilapidación de las finanzas "fruto de los sudores del pueblo", los millones entregados por la reina al emperador de Austria; los conciliábulos secretos en las Tullerías... Luego, fue acusada de haber empujado al rey a oponer su veto sobre los decretos concernientes a sus hermanos, a los prófugos y a los sacerdotes disidentes. María Antonieta negaba, rectificaba errores...

A la pregunta formulada con acento declamatorio:

– ¿Ha sido usted quien enseñó a Luis Capeto aquel arte de profundo disimulo con el que tanto tiempo engañó al buen pueblo francés?

Ella respondió:

– Sí. El pueblo ha sido engañado. Y lo ha sido cruelmente pero no por mi marido ni por mí"

Herman preguntó, insidiosamente, dirigiéndose de nuevo a María Antonieta:

– ¿Y por quién ha sido engañado el pueblo?
– Por quienes han tenido interés. El nuestro no ha sido engañarle.
– Según usted, ¿quiénes son los que han tenido interés en engañar al pueblo?

La respuesta de María Antonieta fue prudente: ella "no conocía sus nombres". Tras un infructuoso ataque respecto a la huída de Varennes, Herman, señaló intempestivamente:

—No ha cesado en su intento de destruir la libertad; querías reinar a cualquier precio y subir al trono por encima de los cadáveres de los patriotas.

A esto la reina se limitó a responder:

—Nosotros no teníamos necesidad de subir al trono porque estábamos en él. Nunca hemos deseado otra cosa que la felicidad de Francia.

Furioso por su fracaso, Herman multiplicaba sus ataques. La reina le hacía notar sus errores y de paso debatía uno por uno todos sus argumentos. "Las potencias extranjeras —afirmó ella— no habían querido la guerra y la había impuesto al rey". María Antonieta agregó que el 1° de octubre ella había hecho emborrachar a los guardias de *corps*. No necesitaba que estuvieran ebrios para "que les testimoniaran devoción y acatamiento a las personas a cuyas órdenes estaban".

Herman había "tocado esta conciencia" de manera sutil; mas no había obtenido ni un hecho, ni una confesión ni una prueba útiles a la acusación. Tuvo entonces la idea de obligar a la reina a cometer el delito de opinar. Mas allí fracasó también:

—¿Qué interés concede a los ejércitos de la República?
—Lo que deseo por encima de todo es la felicidad de Francia.
—¿Cree que los reyes son necesarios para la felicidad del pueblo?
—Un individuo no puede decidir sobre tal cosa —respondió María Antonieta.

Entonces Herman quiso lastimarla en su orgullo de madre:

– ¿Lamenta, sin duda, que su hijo haya perdido el trono sobre el cual hubiera podido subir si el pueblo iluminado por fin en cuanto a sus derechos no lo hubiera impedido?

María Antonieta no se conmovió y replicó simplemente:

– Yo no lamento nunca nada respecto a mi hijo en tanto que su país sea dichoso. Acabado el interrogatorio Herman y Fourquier preguntaron a María Antonieta si tenía un abogado. La reina dijo que no con un movimiento de cabeza y agregó:
– A nadie conozco.

Entonces le designaron como defensores a los ciudadanos Tronçon-Decoudray y Chauveau-Lagarde.

Horas después María Antonieta recibía en el calabozo la visita de Chauveau que le leyó el acta de acusación escrita por Fouquier. Las acusaciones se sucedían al correr de la pluma deformando desvergonzadamente toda la realidad. María Antonieta, pálida, le escuchaba, interrumpiendo de vez en cuando para hacerle alguna observación. De pronto, Chaveau-Largarde rechazó el acta de acusación, comentando que era una obra infernal... pero tuvo que proseguir: "...inmoral en todos los aspectos, tan perversa y tan familiarizada con toda clase de crímenes que olvidando su calidad de madre y la demarcación prescrita por las leyes de la naturaleza, no ha temido entregarse a su hijo, Carlos Luis Capeto y en su confesión hay tales indecencias..."

Chauveau le aconsejó, dirigirse a la Convención Nacional para obtener un plazo y poder examinar las piezas del proceso pero la reina se resistía a ello. Ante la insistencia del defensor, finalmente la reina escribió:

Ciudadano presidente: los ciudadanos Tronçon y Chauveau que el tribunal me a asignado como defensores, me han hecho observar que hasta hoy no han sido instruidos de su misión; yo debo ser juzgada mañana; les es imposible informarse en tal corto plazo de las piezas del proceso y ni siquiera leerlas. Debo a mis hijos no omitir ningún medio necesario para la completa justificación de su madre. Mis defensores solicitan tres días de plazo; espero que la Convención los acordará.

Ni una queja, ni un ruego. La Convención no podía envanecerse de haber visto a la reina declinar su cerviz. Para sí misma, María Antonieta, no pedía nada. No hacía más que tramitar una petición. El plazo le fue negado.

El proceso de la reina

Eran las ocho de la mañana cuando introdujeron a María Antonieta "libre y sin cadenas" en la gran sala donde había de celebrarse la audiencia. Al verla la multitud quedó confundida. Como primer punto, el escribano Fabricius leyó el acta de acusación y después fueron desfilando los testigos, muy numerosos por cierto, durando la audición tres horas. Hubo un receso y a las cinco de la tarde se reanudado el juicio y terminó hasta entrada la noche. El 15 de octubre, volvieron a comparecer los testigos y los debates llegaron a su fin hasta la noche siguiente.

Dicen las crónicas de la época que María Antonieta estaba extenuada por las abundantes pérdidas que estaba padeciendo y que sin embargo. Se mantenía erguida, digna, a pesar de todas acusaciones, de todos los falsos testimonios, guardó ella toda conveniencia y toda mesura.

De los cuarenta y un testigos que desfilaron, solamente cinco o seis se encarnizaron contra ella. Un diputado, un artillero, un periodista y el zapatero Simón contaron a su modo la historia de la Revolución:

A diferencia de Luis XVI, juzgado por la Convención, a María Antonieta la condenó un tribunal.

> *¿En las jornadas de octubre, no había visitado ella misma a los tres cuerpos del ejército que se hallaban en Versalles para comprometerlos a defender el trono?... ¿Soñaba con hacer asesinar a la mitad de los representantes del Pueblo?... ¿Planeó con el conde de Artois hacer saltar a la Asamblea Nacional?... ¿Acaparó artículos de primera necesidad para que Francia sufriera de hambre?*
>
> *–No tengo nada que responder –se escuchaba decir a la reina.*

El 10 de agosto, durante el saqueo de las Tullerías, el testigo Roussillón había encontrado bajo el lecho de la acusada algunas botellas vacías. ¿No era ésta una prueba suficiente de haber emborrachado a los *caballeros del puñal*? Una vieja criada repitió con gravedad la historia de los doscientos millones enviados por la reina al emperador para hacer la guerra a los turcos... y mencionó también un vago rumor extendido en Versalles de que la acusada planeaba asesinar al duque de Orleáns. El presidente del Tribunal expuso, una a una, las concebidas acusaciones: los gastos realizados en la construcción y remodelación de palacios, palacetes y caseríos de Versalles; el famoso asunto del collar:

–¿No es cierto que ha conocido por primera vez, en el pequeño Trianon, a la mujer La Motte?
–Jamás la he visto
–¿No ha sido su víctima en el asunto del collar?
–No lo puede ser puesto que yo no la conocía
–¿Persiste, pues, en negar que la haya conocido?
–Mi plan no es negar; es decir la verdad, cosa que he hecho y persistiré en hacer.

Herman estaba furioso al no lograr su objetivo de aplastar a la reina, por lo que entró al quite Fourquier:

–No obstante sus negaciones, parece probado que por su influencia consiguió que hiciera el rey todo cuanto deseaba.

María Antonieta replicó:

–Es muy diferente aconsejar hacer una cosa que hacerla ejecutar.
–A propósito del 21 de junio y de Varennes –intervino Herman–, observo que sus declaraciones están en contradicción con las de su hijo.
–Es muy fácil hacer decir a un niño de ocho años cuanto se quiere decir... –respondió la reina, rápidamente.

Durante el largo proceso al que fue sometida María Antonieta, surgieron incidentes que conmovieron a la reina y al público presente, como cuando se abrió el paquete que contenía los mechones de pelo de sus hijos y de su marido. Por eso cuando Hébert se apresuró a contar los pormenores del interrogatorio realizado al 'pequeño Capeto', y repitió las infames acusaciones, se hizo un gran silencio. Sin embargo, Hébert quiso atizar el fuego, enfatizando que "con la esperanza política de enervar el físico del niño que se complacía en creerse destinado a ocupar un trono, la reina, mediante esta maniobra pretendía asegurar su ascendiente moral".

Dicen que semejante tontería no hizo mella en el auditorio y se elevaron voces de incredulidad e indignación, contra el acusador no contra la acusada; pero que antes de pasar a la siguiente imputación uno de los jurados pidió que "la reina respondiera sobre el hecho aludido por Hébert con relación a lo ocurrido entre ella y su hijo".

> *– Si no he respondido es porque la naturaleza se niega a responder a semejante inculpación hecha a una madre – dijo María Antonieta – . Apelo a todas las que pueden encontrarse aquí – agregó, dirigiéndose al publico.*

Dicen también que esto causó un extraño efecto entre la concurrencia que parecía querer aplaudir a la reina y que hubo necesidad de suspender la sesión por unos momentos. El interrogatorio duró catorce horas el primer día y doce el segundo. A las seis de la tarde hablaron sus defensores y después el fiscal hizo un resumen aún más violento que la misma acta de acusación. Finalmente, a las cuatro y media de la mañana, el Jurado la declaró culpable. Fourquier se levantó y pidió la pena de muerte para la acusada.

Excúseme, Señor Verdugo

"No lo he hecho a propósito; le ruego, señor, que me disculpe"

Éstas fueron las últimas palabras de la reina de Francia, María Antonieta, dirigidas a Sansón, el verdugo. Empujada bruscamente por los muchos fanáticos que se encaramaron sobre la plataforma de la guillotina, había pisado un pie al hombre que estaba ahí para privarla de la vida. Subió la escalinata que conducía al tablado con las manos atadas a la espalda, y mantuvo erguida la cabeza, conservando el altivo porte de siempre. Cuatro minutos duraron los preparativos de Sansón, mientras que de la Plaza de la Revolución (hoy en día La Concordia), llegaban como el trueno de un mar tempestuoso los gritos de la inmensa multitud que se había aglomerado allí; injurias, imprecaciones, maldiciones.

Era el mediodía del 16 de octubre de 1793. El verdugo estaba ya preparado. La reina lo estaba también antes que él. Mientras se la llevaba hacia la mesa del sacrificio, tropezó con su propio vestido, una especie de larga túnica blanca, pero consiguió mantenerse en equilibrio. No consistió que la ayudara nadie mientras se recostaba en el cadalso. Y un instante después, de la cima de la guillotina caía el hacha sobre su largo cuello, separando limpiamente la cabeza que cayó en el tétrico entarimado. Sansón, según la siniestra costumbre de aquellos verdugos, agarró por los cabellos la cabeza caída y la mostró como un truculento botín a la multitud que encendida por la fiebre funesta de la sangre derramada, tras un instante de espanto, iniciaba otra vez el alboroto. Prevaleció, entre tanto grito, un coro de entusiasmo y victoria. Por todas partes se daban vivas a la República, y muchos estaban convencidos de buena fe de que, debido a aquel nuevo delito, el pueblo había ganado definitivamente la batalla contra el despotismo.

No era a una reina a quien la Revolución había decapitado, sino a una mujer abandonada por todos, a pesar de que en Viena estaba sobre el trono de un poderosos imperio un miembro de su familia. Sus hijos, dos niños aún, también destinados al sacrificio, eran todo lo que quedaba de ella. No había dormido durante la última noche. Oía desde la celda de su prisión, los pasos presurosos de los soldados y del populacho sobre el empedrado. Había terminado de escribir sendas cartas de despedida para sus hijos y madame Elizabeth, su querida cuñada. Dos velas se consumían lentamente junto a su lecho. En cuanto a ella, ya había cesado de arder pues era poca la sangre que quedaba en sus venas, poca la vitalidad de que aún disponía.

Eran las siete cuando entró en su celda Rosalía, la sirvienta del conserje: "Señora, nada habéis tomado desde ayer noche —le dijo—, y casi nada durante el día ¿Qué deseáis esta mañana? "Nada, muchacha —le respondió la reina dándole las gracias—. No necesito nada. Todo ha acabado para mí".

Sentada frente a la ventana miraba nacer la luz del nuevo día, de su último día. Pocos minutos después se levantó para cambiarse la ropa manchada por los continuos sangrados que sufría últimamente, metiéndose en el estrecho espacio entre la cama y la pared. Inmediatamente el oficial de guardia se precipitó sobre la cama para no perderla de vista. María Antonieta cubrió su espalda con una mantilla larga, y dirigiéndose al hombre exclamó: "Permitid, señor, en nombre del pudor, que pueda mudarme sin ser observada". El oficial repuso que no estaba en condiciones de permitirlo, ya que tenía órdenes de vigilar todos sus movimientos. La prisionera lanzó una elocuente mirada a Rosalía, quien se colocó delante de la reina para sustraerla a las miradas del guardia.

Se vistió con su traje blanco de mañana, conservó las medias negras y cruzó bajo el mentón la gran pañoleta de muselina. Rosalía le calzó los zapatos que no se habían desgastado durante aquellos sesenta y seis días que la reina había pasado en la Conserjería. Luego se arrodilló, apoyándose con los codos en el lecho, para orar. En ese momento entraron los jueces del Tribunal revolucionario para leerle la sentencia. Era la penúltima escena del último acto. La final se iba a representar sobre la plaza del patíbulo. Cuando irrumpió, cuerda en mano, alto y ceñudo, el auténtico protagonista del terror, el verdugo Henri Sanson, ella retrocedió dos pasos: "Es absolutamente necesario que me ate las manos". Esto también era necesario.

Con los brazos rígidamente pegados a la espalda, marchó erguida delante del cortejo de los justicieros. Estaba decidida: si su marido dirigió altivas palabras a los franceses desde la tribuna de la guillotina, ella fiaba a la dignidad del silencio lo que le restaba de vida. En el patio de la prisión subió a la carreta de los condenados a muerte. Eran las once de la mañana cuando se abrieron las puertas y salió para encontrarse con aquel final que era la conclusión de un calvario.

TÍTULOS DE ESTA COLECCIÓN

Abraham Lincoln
Adolfo Hitler
Alejandro Graham Bell
Alejandro Magno
Beethoven
Benito Mussolini
Buda
Carlota
César Borgia
Charles Chaplin
Cleopatra
Conde Cagliostro
Conde Drácula
Confucio
Cristóbal Colón
Dante Alighieri
Diana de Gales
Ernest Hemingway
Ernesto Che Guevara
Federico Nietzsche
Gandhi
Harry Houdini
Hernán Cortés
Jesús
John F. Kennedy
John Lennon
Joseph Fouché
Juan XXIII
Juana la Loca
Julio César
Karl Marx
Leonardo Da Vinci
Lucrecia Borgia
Mahoma
Marco Polo
María Antonieta
María Tudor
Marilyn Monroe
Marqués de Sade
Miguel Ángel
Mozart
Napoleón
Pitágoras
Rasputín
San Francisco de Asís
Sigmund Freud
Vincent Van Gogh
William Shakespeare

Esta obra se Imprimió
En los talleres de
IMPRESOS MEGA UNIÓN S. A. de C.V.
Calle 10 № 1 esq. Av 6 pte
Col. Renovación Deleg. Iztapalapa
C. P. 09209 México D. F.
Tel: 15 46 31 62